飛星紫微斗數之感情桃花寶典

周星飛 著

王菲　流年

作詞：林夕　作曲：陳曉娟

愛上一個天使的缺點　用一種魔鬼的語言
上帝在雲端　只眨了一眨眼　最後眉一皺　頭一點
愛上一個認真的消遣　用一朵花開的時間
你在我旁邊　只打了個照面　五月的晴天　閃了電
有生之年　狹路相逢　終不能倖免
手心忽然長出　糾纏的曲線
懂事之前　情動以後　長不過一天　留不住　算不出　流年
遇見一場煙火的表演　用一場輪迴的時間
紫微星流過　來不及說再見　已經遠離我　一光年

有生之年　狹路相逢　終不能倖免
手心忽然長出　糾纏的曲線
懂事之前　情動以後　長不過一天　留不住　算不出　流年
有生之年　狹路相逢　終不能倖免　手心忽然長出　糾纏的曲線
懂事之前　情動以後　長不過一天　哪一年　讓一生　改變

—作者自序—

算命除了財富，就是桃花感情，這兩個題目是最大的市場。

年年月月日日都會有人問：我的正緣在哪裡？

20歲的年輕人是沒有社會家庭的經驗，總是把人生想像得很美好，好房子的夢想，順利成家立業。只怕這些夢想會被生活這把殺豬刀，一直割下去直到破滅。原來才明白生活很骨感的。

50年前，即便不完美的婚姻，離婚的也很少。

2019年，即便一點點不完美，都很快上民政局去離婚。

二婚、三婚、四婚的愈來愈多了。你問「正緣在哪裡」？

我只說「適合就在一起、就相互包容，如果沒辦法、就離了吧」！

我能告訴你從命盤上看「感情桃花什麼時候出來，什麼時候緣分有阻礙要小心」。至於是不是正緣，我真不敢打包票的。

不過是這樣子的。只要夫妻宮有生年四化的，保證一定不缺對象。不缺對象就一定是正緣嗎？還早得很呢！

只能說夫妻宮有生年四化的，只抱持一個觀念：寧爛勿缺。如果，夫妻宮跟父母福德田宅交祿的，那就可以感情持續比較久一點。那可能就更屬於正緣的樣子。

如果，夫妻宮跟父母福德田宅交忌的，那基本上就不要想著有正緣這件事。最好多挑選一下，免得掉坑了。

這本書的目的教大家看出感情的坑在哪裡，跟怎麼避免掉坑，或是把坑填平的方法。趨吉避凶就是命理的實用，也能有鞭策我們學習的動力之一。種田要有收穫，農民才有動力去種田。做生意要有賺錢，商人才有動力去做生意。讀書要有目標，才有動力去讀書。我會先教大家「斗數實用的手法」。一下子就能切進斗數的準度。讓大家驚嘆「斗數這麼準，這麼厲害」，才會有動力學斗數。學了斗數還能引導眾生向善的心。所以，利人利己、一舉數得。

感謝所有的朋友、學生們，在命理路上一起研究討論。感謝VIVI、瑗格格、鮑杰、小C、雷光霏等人，協助校稿、封面設計，讓這本書錯誤降到最少，文字更通順、封面更美觀。更祈求祖師爺　希夷先生加持，幫助所有學習的學生們學習順利圓滿。

周星飛敬筆　2019、09、25

目錄

第二部分 飛星紫微斗數的感情實際命例研究……94

第三部分　看不見的業力跟無形界的影響……270

第一部分

飛星紫微斗數的基礎概念

第一部分：飛星紫微斗數的基礎概念

第一課

飛星紫微斗數的核心理論的解說

許多人對於飛星四化派都說：「亂飛、古書上沒根據。」

我認為要討論怎麼來得，是從書上來得，從龜殼上來得，從馬背上來得，還是從睡夢來得？因為也從來沒有答案。所以把時間花在這個「怎麼來的」研究上，對於命理一點幫助也沒有。

講四化好，講四化差？也不一定有什麼意義的。

或是誰家準，誰家不準？也不用爭論，實力決定一切的。

或是祿是春，是秋？科是春，是秋，也不用爭論。

或是人一出生，就是八字已定，不能改，不管自然生、剖腹生都一樣。或是雙胞胎命

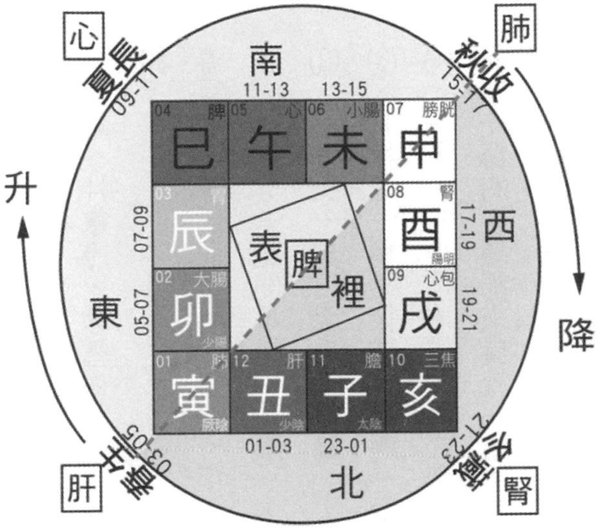

盤要如何解釋。

我的建議：先把命理學好算準了，回頭再來處理這些爭論不休的題目都還來得及的。卡在爭議地方，對學習紫微斗數是一點幫助都沒有的。

這個有彩色版。

可以加我的微信：Chou0920153145

QQ：860990928，送給大家的。

現在就我理解的「飛星紫微斗數」的概念介紹大家：

一、溫度說：飛星紫微斗數的核心概念。

「祿、權、科、忌」為「春、夏、秋、冬」。

（一）、四化的含意跟認知：

1、認識祿、權、科、忌：

太極生「兩儀」（陰、陽），兩儀生「四象」（少陽、老陽、少陰、老陰）。四象者，就是「春、夏、秋、冬」。

「春天」來了種子萌芽、樹木發新枝葉開始，自然界充滿了生發希望，人們於是開始忙碌於一年開始的春耕。到「夏天」，萬物已經「茁壯」、「旺盛」，百花盛開準備結果。進入「秋天」，秋風葉黃、滿天的肅殺之氣，百姓用利器(屬金)收成，稻穀盈倉。到了「冬天」，大地一片寒冷，冰雪佈大地，萬物蟄伏冬眠，人民「收藏」過冬，休息是為了走更遠的路。

春夏秋冬、周而復始、年復一年。因此：

(1)、「春天」花開葉綠，是屬「木」旺的季節。天陽、地陰。少陽。

(2)、「夏天」烈日炎炎，是屬「火」旺的季節。天陽、地陽。老陽。

(3)、「秋天」葉落枝枯，是屬「金」旺的季節。天陰、地陽。少陰。

(4)、「冬天」大地冰雪、萬物蟄伏，是屬「水」旺的季節。天陰、地陰。老陰。

先聖先賢的智慧都來自於「道法自然」，因此，紫微斗數的「四化」是效法自然界的「四象—春、夏、秋、冬」而來得。

（二）、四化對於人事物的解釋：

1、「祿」—是「少陽」天陽、地陰。也是春天，是屬木旺之象，萬物生芽生長、事情有希望。綜合象義為：

(1)、喜悅吉慶、美好樂觀、輕鬆順暢、隨緣自在。
(2)、福氣希望、機會光明、健康親和、圓融。
(3)、年輕初始、浪漫情感、享受滿足、散漫懶惰、肥胖。
(4)、新生成長中、由壞轉好的、由小變大的過程。由低變高。溫度由冷轉熱的過程。

2、「權」—是「老陽」天陽、地陽。也是「夏天」，是屬火之象，萬物茁壯向上生長。綜合象義為：

(1)、自信主見、企圖抱負、積極慾望。主觀能力、果斷剛強。
(2)、領導開創、拓展突破、結實壯大、權力地位。
(3)、膽識行動、運動強硬、霸氣尖銳、爭鬥強烈。
(4)、極大的、最多的、最好的、最高的、最熱的。

3、「科」—是「少陰」天陰、地陽。也是秋天，是屬金旺之象，萬物準備收藏的過程。

聖人制禮教定文化。綜合象義為：

(1)、名聲科甲、事情轉變緩和、謙讓優雅。

(2)、文質書香、斯文秀氣、小巧可愛、精緻。

(3)、優柔矯飾、猶豫做作、拖拖拉拉、提不起放不下。

(4)、照計畫安排、有順序的執行。

(5)、由高變低的過程。溫度由熱變冷的過程。由大變小的過程。

4、「忌」—是「老陰」天陰、地陰。也是冬天，是屬水旺之象，萬物蟄伏、果實收藏、隱藏過冬，忍耐靜等開春的希望。綜合象義為：

(1)、執著固執、收藏守成、安定結果、畫地自限、忍耐安分。

(2)、憨厚拙樸、率真耿直、忠貞義氣、欠債勞碌。

(3)、小人是非、仇恨憤怒、痛苦煩惱憂傷。

(4)、貪慾癡迷、妄念邪念、自私。

(5)、窒礙狹隘、陰暗髒亂、醜陋破舊。

(6)、具有責任感、承擔壓力，逃不掉的問題。

(7)、很小的、很少的、很老舊的、不規則的、有缺陷的。隱藏起來，看不見的、祕密的樣子。

(8)、緊縮的。溫度最低的時候，結冰的狀態。

5、其他綜合的象義解釋：

(1)、多「祿」，雖然少勞而多得，容易逍遙無鬥志。

多「權」，容易積極進取，也要小心霸氣衝突。

多「科」，容易禮貌對待人事物，也會過於優柔寡斷。

多「忌」，事情辛苦阻礙、停滯不前、畫地自限。如果擇善固執，會因為有忌而有成就。

(2)、四化為象，「祿、權、科、忌」為化象，不是星曜。

(3)、有其他書上說：「多忌」反而「不忌」（負負得正），不是正確的說法。任何的理論要去不斷的印證。

二、天道循環：祿權科忌，春夏秋冬：符合人事物、事情的變化。

祿，是春天，是發芽新生，在生長。少陽。天陽、地陰。

權，是夏天，是成長極盛，是壯大。老陽。天陽、地陽。極陽。

科，是秋天，是開花結果，是收割。少陰。天陰、地陽。

忌，是冬天，要保守阻礙，是收斂。老陰。天陰、地陰。極陰。

（一）、化氣的「化」是一個很妙的變化

比如說，水加熱變成水氣，水降溫變成冰，本質都是「水」，但是因為溫度的關係，變成不同的東西。四化也是如此，一個天機星配上祿、權、科、忌，呈現的樣子不太一樣，這個就是「變、化」。

（二）、多忌的壓力：執著、收縮、專注的壓力。緊縮到極點。

比如說。命忌入官祿，是我對工作執著。

福德忌入官祿，是我的精神上也投在工作上，執著。

命、福德都忌入官祿，「官祿」得二忌，對於工作的「執著、忌的壓力」就很大了，命主自己給工作的壓力二忌，過多了。偏離正常的狀態，會產生兩個變化的情況：

1、工作特別認真執著，會把其他人生的事都排擠掉。

2、壓力過大，會產生逃避的念頭，而躲避起來，完全不工作。

會生兩個極端的發展。

（三）、多權的壓力：擴張的壓力。膨脹到極點，熱到極點。

比如說，田宅權入官祿，是家庭給我的工作有很高的期待跟目標。父母權入官祿，也是父母、長輩、公司，對我的工作有很高的期待。那官祿得了二權，工作高度的「擴張、權的壓力」也很大，來自於田宅跟父母給我在工作上，有擴張型的壓力。

（四）、忌，逢祿的解釋：

生年忌入田宅，是家庭有責任感。或是家庭老舊之象。如果，夫妻化祿入田宅，可以想像，田宅的生年忌，這個冬天，可以慢慢被夫妻的祿，這個春天給融冰了。那可以想像這個家本來節儉、窮的。夫妻一來，就能慢慢的改善家庭的經濟環境。或是本來家裡是住舊房的，一有感情，就容易改變住家的環境的。

（五）、祿，逢忌的解釋：

比如說，生年祿入田宅，是家庭很幸福，家境還不錯。

如果，夫妻化忌入田宅，可以想像，田宅的生年祿，田宅的春天，可以慢慢被夫妻的忌給弄結冰了。那可以想像這個家本來很快樂的，慢慢的會愈來愈冰涼，沒有歡笑了。或是本來家裡很多吃吃喝喝的，夫妻一來忌，都節儉了。

（六）、祿，逢權的解釋：

生年祿入田宅，是家庭很幸福，家境還不錯。夫妻化權入田宅，可以想像，田宅的生年祿，這個春天，可以慢慢被夫妻的權，這個夏天，給加溫、加熱了。那可以想像這個家，能慢慢的愈來愈興旺的。本來家裡就有很多吃吃喝喝的，夫妻一來權，馬上零食加倍了。或是本來家裡就有很多房地產了，夫妻一來權，馬上積極的運作，加速房地產的擴張，資產的累積加快。

（七）、權，逢科的解釋：

生年權入田宅，是家庭很大、一直擴張，家境還不錯。如果，夫妻化科入田宅，可以想像，田宅的生年權，這個夏天，可能慢慢被夫妻的科，這個秋天，給降溫放涼了。那可以想像這個家本來很積極興旺的，夫妻一來科，能慢慢的放慢腳步、愈來愈收斂，有禮節，有「富而好禮」的意味。

（八）、權，逢忌的解釋：

生年權入田宅，是家庭很大、一直擴張，家境還不錯。如果，夫妻化忌入田宅，可以想像，田宅的生年權，這個夏天，可以慢慢被夫妻的忌，這個冬天，直接給冰凍、結冰了。那可以想像這個家，權忌交戰，冰火二重天，會一下子產生「革命」的意味。一個權，一個忌，水火不容之象。衝突會產生。但是，也會有一種把錢通通都收起來之象，不再繼續擴張了。立刻冷凍。

（九）、人事的變化，在祿權科忌之上：

祿轉忌，逢生年祿，是錦上添花、好事加倍。
祿轉忌，逢生年忌，是好事，但是最後好的結果是打折。
忌轉忌，逢生年祿，是柳暗花明。黑暗裡見到亮光。
忌轉忌，逢生年忌，是屋漏偏逢連夜雨。

（十）、「忌」從量變到質變。愈多忌愈「麻煩」。

「一忌」正常，是常態的守成或付出的人事物。
「二忌」同宮或兩對宮，為破壞、損失的開始。
「三忌」同宮或兩對宮，則阻礙多、問題麻煩。
「四忌」同宮或兩對宮，會停止不前，損失巨大，向後退步。
可以想像為：一忌是降低溫度10度。二忌是降低20度。三忌降低30度。忌愈多愈寒冷。
當然就愈不利於發展。愈是要保守以應對，不能擴張。

（十一）、「權、忌」從量變到質變。愈多權愈「麻煩」。

權、是夏天、是老陽。
忌、是冬天、是老陰。
這兩個愈多，愈不是「事情的常態之象」。

過度的擴張（多權）跟收斂（多忌），都不是一種好現象。

三、飛星紫微斗數，講的是「緣份」參透二字，功夫往上提高了。「緣份」是這樣看的。

（一）、交祿、交祿權、交祿科，交權科，都是好緣。
（二）、交忌，二宮忌轉忌入同一宮，或是對宮（命遷、父疾……）都是緣份不好、有阻礙。
（三）、交祿忌，那忌得，祿會失。產生「祿隨忌走」，有一方得，一方失的情況，不對稱的付出跟獲得。
（四）、所以，人間事本來就像四季循環、春夏秋冬一樣，保持適合而穩定的狀況，才是好事。收放自如，順應天道、人情、地理，人生才能平平安安、順順利利。

四、飛星紫微斗數，自化的解釋：

（一）、自化祿，感覺像「小孩子一樣，還沒長大，天真的態度」。
（二）、自化權，感覺像「大人一樣，已經長大，能作主的態度」。
（三）、自化科，感覺像「老人一樣，凡事慢慢來的態度」。
（四）、自化忌，感覺像「死人一樣，都不關我的事的態度」。

第二課

夫妻宮的意義

廣義夫妻宮為：所有命主的感情世界的人事物，包括：實際的對待感情方式，還有精神上感情的思考想法。所以，夫妻宮未必一定是「實體的人」。精神上的感情想法也包含：追星一族、夢中情人、精神出軌，由香味圖片影片而自己想像出來，沒有實際行為的對象也算。

一個「夫妻宮」要看出所有的感情事，包括、談對象、結婚、離婚、生小孩跟感情桃花一切的事，是不太合理的事。

那要如何去紮實紫微斗數的基礎呢？首先，以夫妻宮跟十一宮相互配合，能看出夫妻之間的感情、個性、緣份、長相、宜早婚或晚婚、婚姻生活狀況、有無生離死別、另一半的能力如何及發展、經濟情況、不動產之盛衰、工作之變動、外地之事業、另一半的才能，容貌、另一半的家境背景、對感情之感受、夫妻間的關係是否和諧、性格是否相投，以及有無生離死別的情況等等。這個工程訊息量很浩大，需要學習一段時間的，才能慢慢解讀進步。

夫妻宮位有很多含意：異性位、感情位、婚姻位、家庭實際感受位（田宅的共宗六位）、體態位（疾厄的田宅位）、出外運位（遷移的事業位）、福份財位（福德的財帛宮），這個要用「不同的太極點來看夫妻宮」才能知道延伸的含意。先來瞭解各種夫妻宮的解釋：

一、宮位的含意：分狹義、廣義，跟延伸含意。

（一）、狹義的夫妻宮：字面上的含意

1、夫：老公。

2、妻：老婆。

最原始的含意：「配偶對象、大老婆、大老公」

（二）、廣義的夫妻宮：

（二）、廣義的夫妻宮：感情上的對象，一切有緣、無緣的對象，談過得、分手的，結婚的、離婚的，或是愛慕的、幻想的、精神上的，豪門窮戶，好緣壞緣、緣份長短、當貴婦、娶千金、小三，同性戀、不倫戀的，都可能是夫妻宮跟其他十一宮，整體盤面的串聯結合才能解釋的。

（三）、夫妻宮的延伸象義：胖瘦、消化能力、吃喝、工作表現、六親的代表位、陽宅的廚房位。（在下一節會說明）

（四）、第幾婚佔在什麼宮位的計算：

1、男命來說：大老婆在夫妻宮，二老婆在子女宮，三老婆在財帛宮，以此類推。跟大老婆離婚了，看大老婆再嫁的對象，就是在「財帛宮」（夫妻宮的夫妻宮）為太極點。老公是第一婚，是命宮。

2、女命來說：大老公在夫妻宮，二老公在子女宮，三老公在財帛宮，以此類推。跟大老公離了，看大老公再娶的對象，就是在「財帛宮」（夫妻宮的夫妻宮）。老婆是第一婚，是命宮。

二、宮位轉換：夫妻宮的延伸的含意。

以不同的宮位為太極點看夫妻宮：感情，對象、老公、消化、吃喝、工作表現。有宮位其他的含意要瞭解。

（一）、以夫妻宮立太極點的轉換：

1、夫妻宮是父母宮的子女宮：看父親對待小輩、小孩的能力，父親的投資合夥狀況。

2、夫妻宮是命宮的夫妻宮：看我的配偶的狀況，婚姻情緣如何。

3、夫妻宮是兄弟宮的兄弟宮：看我兄弟姊妹的成就和平輩之互動關係。兄弟的兄弟。母親的兄弟宮，所以也是舅舅的宮位。

4、夫妻宮是夫妻宮的命宮：另一半的「命宮」、個性如何。

5、夫妻宮是子女宮的父母宮：小孩子的讀書宮位。看兒女之功名學業，及對外舉止、老師緣、長輩緣、長官緣如何。

6、夫妻宮是財帛宮的福德宮：代表求財賺錢的福份，及用錢的態度觀念理念。所以，娶千金、嫁入豪門可以少奮鬥20年，當然，夫妻宮是（財帛宮的福德宮）有密切關聯。

財帛的福德：顯現花錢享福的型態方式，是用錢的思想及計畫方法，也可以說現金運用的規劃。

7、夫妻宮是疾厄宮的田宅宮：吃的能消化，不能消化、拉肚子、耐不耐餓，能不能一日不食，有沒有口福。所以，在陽宅風水上，夫妻宮也代表廚房位置。

8、夫妻宮是遷移宮的官祿宮：氣數位、可看外出氣運及福氣、劫數狀況。出外的運氣位、「遷移」的九位「氣數」宮：可分析出外時的意外災難或事故。

9、夫妻宮是交友宮的交友宮：朋友的「人際關係」、競爭位。

10、夫妻宮是官祿宮的遷移宮：工作表現EQ、外部潛力及活動行銷推廣、工作上的應變能力。工作事業形象、事業的公共關係。

11、夫妻宮是田宅宮的疾厄宮：田宅住得好不好，跟夫妻有關。夫妻宮是家庭房產的本體（一六共宗位），家庭和樂繫乎婚姻圓滿及事業發展順利。看我的家庭實際運做好壞、家庭房子的現實問題、也可以看家宅環境的潛在問題，也能分析房屋體結構得好壞。就陽宅風水而言，夫妻宮也是廚房。從田宅宮的疾厄宮來看，這可以理解，結婚叫「成家」，因為它也代表著家庭體質得好壞，所以當雙方感情出現問題時，其實不見得都是夫妻宮所造成的，有時候陽宅風水影響，才是問題所在。

12、夫妻宮是福德宮的財帛宮：叫福份財。娶千金，嫁有錢人，就是大福報。前世積福多寡在夫妻宮表現，是因果的報應宮位。有說：婚姻感情有「緣定三生」或相互欠債之說。

（二）、以夫妻宮為太極點看不同的宮位：借盤看另一半的情況：

1、命宮是夫妻宮的福德宮：另一半的精神狀況。

2、兄弟宮是夫妻宮的父母宮：另一半的讀書狀況。

3、夫妻宮是夫妻宮的命宮：另一半的個性、內在想法。
4、子女宮是夫妻宮的兄弟宮：另一半的兄弟姊妹。
5、財帛宮是夫妻宮的夫妻宮：另一半的感情位。
6、疾厄宮是夫妻宮的子女宮：另一半的子女宮。
7、遷移宮是夫妻宮的財帛宮：另一半的財帛宮。
8、交友宮是夫妻宮的疾厄宮：另一半的健康狀況。
9、官祿宮是夫妻宮的遷移宮：另一半的人際關係、待人處世。
10、田宅宮是夫妻宮的交友宮：另一半的交友狀況。
11、福德宮是夫妻宮的官祿宮：另一半的工作。
12、父母宮是夫妻宮的田宅宮：另一半的家庭。

這部分的用法：會在後面的課程上仔細教學。叫「借盤論事」，借命主的命盤，看另一半的情況。

三、所有的感情事：精神上、肉體上，有接觸、沒接觸都是。

(一)、有緣無緣、善緣惡緣的感情事，當然也包含：「自己想像的另一半」幻想的這種，未必是實體，想像的感情都算的，比如說：我喜歡志玲姊姊。她不是我的對象，也沒接觸過，這個都算「感情」，幻想出來得都算，連看愛情動作片之類的都算的，男女的情慾也是一種感情。

學生甲：我有喜歡帥哥，這個也算？

周星飛：算，剛才說的「泛指一切的感情事」。動了男女之情都算的。夫妻宮未必都是講實體，只要是「色聲香味觸法」所幻化出來得都是感情。看到美女的電影圖片、聽到美女嬌滴滴的聲音、聞到一陣香水味過來了，那未必是真實的，但是在心裡面早就變成真實，幻想有美女的存在。未必一定有什麼真實的、肉體的關係才叫感情。

(二)、夫妻一般來說是異性，不過對同性戀來說，就是「同性」，我們看同性戀是同性，但是他們互相看卻是戀愛的關係。所以，對同性戀的人來說，夫妻宮還是講的是他、她的感情事。只是他、她的感情對象是同性。

(三)、所以，命盤所顯現的，不是一定真實的事，連精神上的期待、想法，過去、現在、未來得想法，都能在命盤顯現。

四、關於夫妻宮其他的解釋：

（一）、是少小限的命宮，掌管第二大限前的所有年紀的大限命宮。

比如說：土四局，命宮是4～13，那下一個大限，可能兄弟宮，或是父母宮是14～23。所以，這個少小限的命宮的歲數，就包含1～13。第二大限之前所有的歲數。

如果小孩的命盤上，生年忌在夫官線上。命主小時候父母親自帶就不好帶，生病意外多。或是給其他親人帶大就事情少，或是很小就給保姆阿姨帶了。

（二）、借盤論六親：夫妻宮代表的是媽媽的兄弟宮（大舅），命主的大哥在兄弟宮，二哥或是二弟在夫妻宮。

五、夫妻宮的細論用法：生年祿在夫妻宮，有幾個含意：

（1）、當「另一半的命宮有生年祿」的解釋：另一半的個性好。

（2）、命主自己容易因異性獲福。

（3）、福德宮的財帛宮有生年祿：福份財佳，容易中獎。

（4）、田宅的共宗六位、房子住得好，家庭和樂。

（5）、事業的遷移好：工作的表現優秀。
（6）、交友的交友：好朋友的競爭力強一點。
（7）、遷移的氣數位：出外順利。
（8）、疾厄的田宅：有長壽之象、有口福、能消化，身體不錯。
（9）、財帛的福德：財富來得容易一點，心想錢來。
（10）、子女的父母：當然是有好父母、讀書好。
（11）、生年祿在夫妻，未必另一半是有錢人。但是會因為另一半而獲福。

夫妻宮加上祿權科忌加上自化的解釋

一、原始的「祿權科忌」的解釋：

祿權科忌是配合天地的循環「春、夏、秋、冬」。

忌是「天陰、地陰」純陰之象，是冬天。萬物都要躲著避冬的，如果有人不相信硬要出門，那就是自找麻煩。

權是「天陽、地陽」純陽之象，是夏天，雖然萬物生長極快，但是也要躲避烈日陽光。

祿是「天陽、地陰」，是春天。萬物開始生長。

科是「天陰、地陽」，是秋天。萬物開始要結果了。

每個祿權科忌，都各有其獨特的含意。

二、夫妻宮加上祿權科忌的解釋：

（包括生年四化，跟其他十一宮四化入夫妻宮。不包含自化，自化解釋在後面）

1、夫妻宮有祿：對方個性好。你對感情多博愛，對每個異性都很好，對另一半也會多體貼包容。有生年祿容易有福報，感情來得輕輕鬆鬆、唾手可得，但是也容易感情對象多。

2、夫妻宮有權：容易對感情有控制慾，或是另一半比較強勢。命主是女的，會對老公管很多，去哪裡、做什麼、找誰，就會控制。如果命主是男的，就會有「大男人主義」的傾向。

3、夫妻宮有科：對感情很文雅客氣、感情上拖拖拉拉，提不起放不下，藕斷絲連、多半容易前任舊愛未斷乾淨、新歡又來，新舊同時糾纏著。燈光美氣氛佳天時地利人和就跟舊愛滾一起。

4、夫妻宮有忌：對感情執著，有責任感、專一，不離不棄，有壓力。另一半固執。在感情上就是需要「收斂」，像冬天一樣要躲起來要保守。也不能感情過多，沒有齊人之福之象。

5、生年忌入夫妻跟命忌入夫妻的不同：

(1)、生年忌在夫妻，對感情有責任感，也有感情上的壓力。另一半固執不高興，命主就會有苦受。欠債的感情，會很苦的，很折磨的。沒有齊人之福。多愛一個就有壞的大事發生了。

(2)、命忌入夫妻，是我對配偶執著感情。付出多一點。不一定是「欠感情的債」。有可能會「以苦為樂」。我一次只愛一個。

(3)、夫妻宮有生年忌，一個桃花就忙不完了，兩個只怕更忙。多折磨，肉體、精神、時間、金錢加倍付出。

(4)、命忌入夫妻，不見得桃花會少，但是只能一次一個。

(5)、夫妻忌入命，也是不會有太多桃花的。一個就讓我苦在心裡，不高興有壓力。

(6)、夫妻坐生年忌，跟夫妻忌入命，並沒有說，一次只能一個。但是，桃花就是忌，愈多愈麻煩。就像在冬天一樣，不能亂動比較好。一亂動麻煩就多。

6、生年忌在夫妻宮，一般解釋有感情債，這是先天帶來得東西。命主的個性上對老婆有責任感。那這種責任感跟債很像。如果，基礎象義解釋錯誤容易讓思維產生偏見或偏激。

周星飛：生年忌在夫妻宮，對感情有責任感。

學生甲：對老婆有責任感，有錯嗎？

周星飛：有責任感不會拋棄老婆，而且容易有壓力。比如：老婆叫老公去買菜，老公就去買菜。因為夫妻宮有生年忌有責任感，就會聽她的話，如果不聽就有壓力。這是一體兩面的解釋。

7、生年忌，是一個過去的業力，顯現在這個命盤之上（被動的），命忌，是一個現在造成的業力，這一輩子都容易看得到的（積極的）。兩者都是個性的顯現。解釋上有些類似，還是有些細微的差別。

8、學生甲：我也想知道舊情復燃怎麼看？
周星飛：從夫妻宮的四化，試試看了。祿權比較像「新緣」、科忌比較像「舊緣」。
學生甲：祿忌，也有可能交了新的，舊的還在糾纏？
周星飛：是的。祿忌成雙，新舊一起來。科忌糾纏，可能一堆舊的纏在一起。

三、夫妻宮加上自化祿權科忌的解釋：

（一）、自化：有令人產生「第一印象」的意義。但是，也是一種「表象」，看起來很像，其實是虛像。「自化祿」容易有「三分鐘的熱度」。是「虛」。比如說「祿，是有餡的包子」、「自化祿，就是沒餡的包子」，一咬下去都沒有料的這種感覺。

（二）、自化的特點：看似、看起來很像，氣場外露的感覺。給人第一印象，看起來很輕鬆自在，事後常常漫不經心，虎頭蛇尾、少了原則性，或是沒能耐又要說大話、優柔矛盾、耐性不足、不了了之、不能記取教訓。**所有問題都來自於「事先沒有想好、事中又不做好、事後又不在意、不檢討」的三分鐘熱度、不穩定、不堅持到底、隨緣或是輕浮的態度。**

（三）、自化是變數、不定數，存在不穩定之象，所以，常取決於當下的想法行為而產生結果，並不是定數。

1、比喻來說：祿是包子，自化祿也是包子。差別在：

（1）、自化祿的包子，好像是擺在桌上的包子容易看到。

（2）、祿的包子，好像裝在不透明盒裡的包子沒被看到。

所以，自化祿容易被看到，像金錢露白一樣，就像金鍊子戴在脖子上那麼明顯。但是，也很容易被利用，或是被搶走。

2、夫妻宮加上自化祿：感情上自我感覺良好，自己感覺異性關係不錯啊，容易對感情非常天真、樂觀的態度，看似博愛，對每個異性都很好，對老公或是老婆，也會多體貼包容。三分鐘的熱情。感情也容易「起心動念」。異性對我一微笑，就覺得這個異性對我有意思了。也容易「春心蕩漾」容易被撩起、撥動。

所以，也很容易讓人誤會，看起來很容易被撩動的樣子。

3、夫妻宮加上自化權：容易對感情特別的控制慾，比如說你會對另一半管很多，去哪裡、做什麼、找誰，就會控制。但是，只會管一下，管三分鐘之後就又不管了。像「紙的母老虎、紙的大男人主義」一樣。

4、夫妻宮加上自化科：對感情表面上、給人第一印象，很文雅、客氣、感情上拖拖拉拉，提不起放不下，藕斷絲連。但是拖了三分鐘，就不拖了。

5、夫妻宮加上自化忌：對感情不堅持，隨緣的態度。感情可有可無的態度。不求感情上的回報，對方也不一定有回報。

夫妻自化忌，容易忽略了配偶，給忘在腦後了。或者感情也容易留不住，或是隨緣不想留。

問他要娶甲女或是乙女，他會說「都可以、無所謂」。

老婆去哪裡了？不知道？要分手？都隨便。

6、任何宮位的自化忌，都有「隨緣，不堅持」的態度。

(1)、是沒耐性，無所謂，此地不留爺，自有留爺處。

(2)、人生總是反覆無常，一會兒這樣一會兒那樣。

(3)、看起來無所謂，不執著，其實是沒有原則，只是增加困擾、阻礙。

（4）、自化忌，似乎什麼都無所謂，過了就算了，不記恨，大大咧咧，沒有原則，半途而廢，隨緣自在，該爭取的都不爭取，這種常常機會都不把握。得之我幸，不得之我命。

四、夫妻宮有祿權科忌加上自化祿權科忌的綜合解釋：

1、夫妻宮有生年祿加上夫妻宮自化祿的解釋：

感情上有容易滿意、滿足的情況。或是另一半對命主不錯。命主對每個異性都很好。但是，又容易被撩、撥動感情。所以，很容易吸引對象進而產生感情。不管有沒有對象，照常很容易被撥動感情的。就會產生很多對象的情況，本來家裡就有對象，外面也照樣有對象。

2、夫妻宮有生年祿加上夫妻宮自化忌的解釋：

感情上有容易滿意、滿足的情況。要求不多，有好感情就好了。有畫地自限的解釋。感情滿意、滿足的情況，有時候有，有時候沒有，斷斷續續的發生。或是別人對你付出感情，你也不一定在意的，或是沒有回報的。你對感情有不堅持、隨緣或不在意的態度。

3、夫妻宮有生年忌加上夫妻宮自化祿的解釋：

生年忌入夫妻：對感情執著，有責任感、專一，不離不棄，有壓力。另一半個性很固執。有生年忌在夫妻，在感情上就是要收斂不能多，或是沒有齊人之福。

夫妻自化祿，表面上，可能跟很多異性保持良好關係，令人感覺很多情，很容易逢場作戲，或是感情上很容易被撩動。

但是實際上「只愛一個人」，或是被撩動之後，回家可能會跪算盤了。被另一半責罰、責罵。

4、夫妻宮有生年忌加上夫妻宮自化忌：

生年忌入夫妻：對感情執著，有責任感、專一，不離不棄，有壓力。另一半固執。有忌在夫妻，在感情上就是多收斂不能多，或是沒有齊人之福。

夫妻宮自化忌，對感情有不堅持、隨緣的態度。

責任感有時候有，有時候又消失的，不想承擔責任了。

所以，感情的責任感，有時候有，有時候沒有。反覆的發生。

或是感情的對象，長期是單一的，但是，偶爾會多情一下。

或是平常另一半對你都不太好，偶爾會對你好一點。

5、問：夫妻生年忌加上夫妻自化忌的話，會不會吃虧了無所謂，於是一再吃虧？

答：會的。生年忌在夫妻就會遇到感情上的債主，多付出少獲得，常常吃虧。但是，自化忌，還會有「無所謂的個性」。沒關係不放心上，不長腦子。所以，就容易忘記吃虧的事，才會一再的吃虧。生年忌加上自化忌，有同星和不同星的解釋上的差異。

(1)、同星：夫妻坐生年太陽忌，又逢夫妻太陽自化忌。一樣會有吃虧之後，然後，又無所謂的個性、不長記性。但是，這個業力也會消失的，表示說：

(a)、這個男人可能會有變好的時候。

(b)、這個男人可能時間到了，該拿的拿到了就走了。

(2)、不同星：夫妻坐生年太陽忌，逢夫妻文曲自化忌。不一樣的星曜，就是兩碼事。

(c)、對象的素質不好。我就用不在乎的態度去面對。

(d)、但是就沒有上面同星(a)、(b)的解釋了。

所以，同星跟不同星的解釋會有差別的。

6、其他的夫妻宮的祿權科忌，跟夫妻宮自化祿權科忌，可以用上面的解釋，以此類推組合解釋的。

五、夫妻宮四化入其他宮加上串聯自化祿權科忌的解釋：

A宮祿入B宮，逢B宮自化忌，可以不同星，這個祿就是如同肉包子打狗，有去無回了。也是一種「祿隨忌走」的解釋。

(一)、命祿權科忌入夫妻加上逢夫妻自化忌：

1、命祿入夫妻，對異性很好。博愛、包容。

2、命權入夫妻，對異性很積極的關愛，付出。

3、命科入夫妻，對異性很文雅、慢慢的付出。

4、命忌入夫妻，對異性單一執著的付出。

5、逢夫妻自化忌：對感情隨緣、不堅持到底，付出不求回報。漫不經心、付出很多，或是失望的說：算啦，沒回報就算了。事過就境遷、也不一定長記性的。

(1)、在感情上，命主只想付出不求回報。付出之後就不管後面的事了。高興就好了，不計較得失。

(2)、我付出感情，也會有一種斷斷續續付出，也會斷斷續續的高興。一下子這樣，一下子又不這樣。

（3）、對方完全不回報，肉包子打狗，你丟多少好處，另一半就吃多少。對方都是船過水無痕。你用熱臉貼異性的冷屁股了，人家還不理睬你。或是你也不求異性的回報，也不一定有異性會回報。反正，下次再對異性好，也會忘了前面的冷屁股的記憶了。

（二）、生年忌加上命宮的祿：同星不同星的問題：

1、同星：命庚太陽化祿入夫妻宮，逢夫妻宮生年甲太陽忌。

（1）、生年甲太陽忌在夫妻：也容易遇到男人素質欠佳。個性固執、個性不好的男人。

（2）、命庚太陽祿入夫妻：命主對這個素質不好的男人，態度很好。

（3）、所以，命主就一再的付出，一再容易吃虧。肉包子打狗。這個是「同星」的祿忌，是這樣解釋的。

（4）、有個一樣的飛化的命盤的故事是：

問：本造命主嫁給老公之後，生了小孩，老公完全不負責任的無奈離婚，問：能不能再嫁？

答：那是當然可以的，夫妻宮有生年忌，不怕找不到男人。

只怕來得都是債主上門，命祿逢同星的生年忌，會被生年忌吃得死死的。

2、不同星：命庚太陽祿入夫妻，逢夫妻宮生年乙太陰忌當然也可能會吃虧的。但是，就沒有一再吃虧之象。命主對其他對象好。但是不會對這個生年忌的債主，多付出什麼笑容，是兩碼事分開處理。

(三)、命忌入夫妻，逢生年祿跟生年忌的解釋：

比如說命忌入夫妻，是命主對感情的單一執著。

1、如果，逢到生年祿(同星)，那就有多段「單一」執著的感情，去了一個對象，馬上又一個對象。讓他執著，可以分段施工。感情上到處都有據點。狡兔有三窟。

2、如果，逢到生年祿(不同星)，那就有一方面多情，一方面專情一個人。有單一付出執著的感情。生年祿也有多對象的感情。

3、命忌入夫妻，逢夫妻生年忌(同星)，你的感情上執著。但是又容易遇人不淑，感情上容易執迷不悟。

4、命忌入夫妻，逢夫妻生年忌(不同星)，你的感情上執著甲男。但是已經有一個固定的對象乙男是債主，這樣子，容易兩個男人都要付出，超累。

(四)、自化祿和自化忌都會引起宮位跟宮位之間的不公平的紛爭，有人得有人失。

1、千萬別以為夫妻祿入命，逢命宮自化忌，就是我自己有利了，其實這個是不公平的對待關係的，付出收穫不成比例，也會產生恩怨，還可能會讓你結婚機會多，能結婚多次。或是無心於婚姻就不結婚的。讓你變成遊戲人間。

2、田宅祿入夫妻，逢夫妻自化忌，是把房地產財富給對象，也別指望對象會還回來，也從來沒想過要回來。這種要是分手離婚，財產要不回來都會損失很多。肉包子打狗。

3、夫妻祿入福德、逢福德自化忌：

(1)、感情的事上愛幻想，想多要幾個女朋友，也未必行動、想想就算了。

(2)、感情會給我帶來快樂，但是如果失去了，也無所謂。不會太執著。

(3)、對方讓我有很多高興的事，但是，我覺得是正常的，不用回報。照單全收，船過水無痕。

4、福德宮祿入夫妻，逢夫妻宮自化忌：

我對配偶好，付出很多，配偶覺得不滿足，或是無所謂，或是覺得應該是她得到的，配偶沒有回報。

5、命宮、福德宮化權忌入夫妻宮，對感情的控制慾都很強。

逢夫妻宮自化忌，那麼對方一開始會當回事，後來就不會服從你管控的。或是你有說就聽從，沒說就不當回事。

6、夫妻祿入命，逢命宮自化忌：

夫妻宮甲廉貞祿入命宮，命宮丙廉貞自化忌。這個怎麼解釋呢？

(1)、人家對你示好，你不想理。緣份來了，沒感覺反應遲鈍。

(2)、來一個死一個，來兩個死一雙。有多少吃多少。你也會船過水無痕。任何異性都接受，不加挑選，來者不拒，不怕吃不下，就怕沒得吃。

(3)、異性對我好，照單全收，對方付出了，卻得不到回報。

(五)、生年忌加上自化忌，等於「抵消」？

答：1減1等於0，「抵消」這個名詞解釋能算命？

這樣子的問題，會令人產生更大的迷惑，要解釋符合生活的情況，才是重點。比如說：

1、生年忌入夫妻，對感情有責任感，感情緣份放不下，有壓力。沒有對象會覺得寂寞，有了對象又覺得壓力大。「沒事抓蝨癢屁股」、「沒事找事做」。

2、夫妻自化忌，感情上不堅持到底，感情的態度是隨緣。

3、綜合解釋：原則上都很執著感情，但是時間到了，又不執著了，休息一下，過一陣子又開始感情執著。這樣子過程，反覆的循環發生。

（六）、生年祿加上自化祿，等於「沒有」？

答：1減1等於0，「沒有」這個解釋能算命？

這樣子的問題，會令人產生更大的迷惑，要解釋符合生活的情況，才是重點。比如說：

（1）、夫妻宮有生年祿：感情上有容易滿意、滿足的情況。

（2）、夫妻宮自化祿：對每個男人都很好。容易被撩、撥動感情。

（3）、所以，很容易吸引對象，進而產生過多的感情。那過多的感情，又都很滿意。所以，會造成感情上多浮爛。

（七）、夫妻宮自化祿，逢其他宮位化忌來會：（祿隨忌走）

有忌入夫妻，逢夫妻宮自化祿，感情就容易被劫、被影響。自化祿也都存在不穩定的個性。夫妻宮自化祿，感情有天真的想法，自我感覺良好，定力、定性不好。

也可以當作「另一半的命宮有自化祿」，另一半比較天真一點。那有忌進來有干擾了，產生兩種解釋：

1、我也還是對感情是天真，但是有人事物影響我，叫我要安定下來了，不要那麼天真。

2、我的另一半也是天真的，可能一不小心另一半就跟人家跑了。自化祿被忌劫走了。「祿隨忌走」。

（八）、遷移丁巨門忌入夫妻，又逢夫妻宮辛巨門自化祿：

1、命主的感情被劫了，也可能命主的另一半被劫了。二者都可能發生的。命主的感情上必然有「怪異的想法、行為」，容易被騙，被介入。

2、夫妻的自化祿，直接被遷移的忌劫走了，被劫了就在一起或是結婚了，被壞的對象帶走了。被騙婚，被劈腿，都是類似的情況，所以有這種飛化的，有娶嫁了也不要太高興的，大概都有被騙或是設計圈套套路的。然後，一清醒才知道掉坑裡了。所以，嫁娶不要太高興。

3、還有一種，遷移丁巨門忌加上夫妻辛巨門祿來會，也一樣會「祿隨忌走」被劫走了，跟上面被騙、被設計的解釋也有類似的地方的。

（九）、女為悅己者容：

學生甲：師父，夫妻祿入父母逢自化忌，這個自化忌怎麼說？

周星飛：女為悅己者容，但是只打扮幾次就「算了」。或是，交到好男人本來很得意，但是久了之後，就覺得沒啥好得意的。

學生甲：夫妻祿入父母逢自化忌，是對方比較在意我的外表，常常叫我美白，清潔我自己，可是我自己比較不注重外表，不領情，不聽對方的？

周星飛：你說得也很好啊！解釋到位了。

（十）、學生甲：再問下，如果從時間的角度上來說，任何事務都會有起有滅，如何區分自化忌的消散和自然的完結呢？

周星飛：自化忌，是屬慢慢的就消失了。就像夫妻自化忌，感情上慢慢的變淡了。也不會有什麼激烈的手段。

學生甲：原來如此，這樣來說的話自化忌雖然也可說是好事終究還是暗耗嚴重啊！如果，命盤多幾個自化忌，人生不就「迷迷糊糊」多了嗎？

周星飛：所以，命盤上，自化祿跟自化忌太多的話，人生變化多。

1、容易沒原則、天真的想法、過度樂觀（自化祿）。

2、不用心、隨緣過頭（自化忌）。

學生甲：自化多的人，還真是辛苦。比較明白自化忌為什麼不好了。人要成功也許很大部分是要靠化忌來成就的吧！自化一化，只是隨波逐流了。

周星飛：說得好。忌是執著，人要成功也許很大部分是要靠權忌來成就的吧！自化忌只是隨波逐流了。

（十一）、四化跟自化的差別：圖形的概念跟代表數字的差別。

比如說：祿是陽氣向上。「祿」是穩定的上升。

自化祿，是「時快時慢的上升」。二者都是上升。

四化跟自化的差別
--概念跟數字的差別
周星飛著

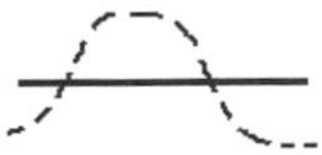

權是老陽、陽氣正旺盛

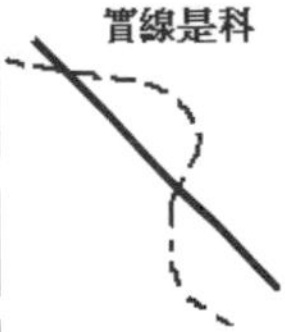

祿是少陽，陽氣往上

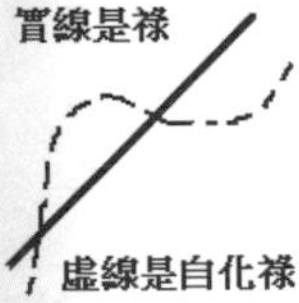

四化跟自化的差別	四化的數字是穩定	自化是原來加減1
祿的數字	4跟9	
自化祿的數字	4加減1是3、4、5	9加減1是8、9、10
權的數字	2跟7	
自化權的數字	2加減1是1、2、3	7加減1是6、7、8
科的數字	3跟8	
自化科的數字	3加減1是2、3	8加減1是7、8、9
忌的數字	1跟6	
自化忌的數字	1加減1是0、1、2	6加減1是5、6、7

科是少陰，陽氣慢慢下降，或是收斂

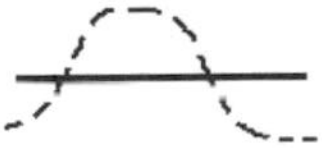

忌是老陰，陰氣正寒冷

夫妻宮加上星性的解釋

夫妻宮，是自己的感情觀念，跟另一半的命宮，另一半的個性。

所以，兩個都可以解釋的。

原則上：夫妻宮有祿：博愛、包容、寬容。

夫妻宮有權：控制權、霸氣、積極。

夫妻宮有科：客氣、禮貌、優雅、拖拖拉拉、藕斷絲連。

夫妻宮有忌：執著、單一、死腦筋。

一、夫妻宮加上星性：感情的特點可以參考星性。

包含：（一）、夫妻宮裡的坐星。

（二）、夫妻宮的宮干四化：都可以同論。

（1）、武曲：化祿，感情氣氛圓融。化權忌，剛硬。

（2）、天機：化祿權科，感情和樂。化忌，是另一半，或是感情容易讓腦袋打結。

（3）、貪狼：化祿權，另一半喜歡藝術、廚藝、某種專業技能，喜歡山醫命卜相。貪狼化忌，山醫命卜相容易走歪或是學錯。愛喝酒、有壞習慣。

（4）、廉貞：化祿是感情的對象喜歡演藝、偏財、美術、化妝品、金飾、珠寶、會發亮。廉貞化忌，可能容易走入偏門、酒色財氣。信仰：狐仙，或是走什麼養小鬼之類的，或是感情上要持戒、慎重。

（5）、天相：是宰相位，選擇另一半就是規規矩矩的。

（6）、破軍：化祿權，另一半自視甚高。跟外國相關的，可能也是外國籍，或是外文能力強，國際貿易的。

（7）、太陰：石化，美學。太陰化祿是白蕾絲之類的。另一半容易很白淨的。太陰化忌，另一半容易有潔癖了，或是感情上有潔癖。另一半年紀小，或看起來年紀小。

（8）、巨門：巨門化祿權，另一半容易是喜歡說話。巨門化忌，另一半不愛說話，或是罵人多，感情上容易多奇怪的問題，比如說感情不正常。另一半出身背景怪怪的。

（9）、天梁：化祿權，自己的感情觀念清高，或是另一半容易老大心態。自視甚高、不求別人理解、只求無愧我心。容易年紀偏大的對象，或是看起來老成持重。

（10）、太陽：太陽化祿權，另一半比較博愛的。化忌，就不博愛了。

(11)、天同：天同祿，小孩子可愛樣子，笑容常開、協調能力強。天同忌，老氣橫秋的。

(12)、紫微：另一半像貴族的樣子。有高傲看人的習慣。

(13)、七殺、武曲：化權，另一半容易自視甚高，霸氣、殺氣。

(14)、文昌、文曲：化科，自己的感情觀念跟行為容易藕斷絲連。跟另一半個性容易藕斷絲連。那化忌的話，自己的感情觀念想法多、鑽牛角尖去了，另一半個性也容易想法多、鑽牛角尖。

(15)、左輔、右弼：化科，另一半多想幫助人，或是多是輔助的人才，為人客氣。容易成為另一半的助手，或是跟很多對象產生比較糾葛的情份。

(16)、用夫妻宮裡坐的星曜或是看看夫妻宮干的四化來看感情，有時候準，有時候不準了，都沒關係的，累積經驗而已。

二、夫妻年紀大小、長相年輕穩重的判斷原則：

(一)、判斷年紀大小，與「夫妻宮裡的星星」、「官祿宮坐的星星」、「夫妻宮的宮干的四化」、「生年四化」有關。但對於大幾歲才算是「大」，男女是有差別的，如下說明：

1、年紀大的對象：夫妻宮或是官祿宮，有任何星曜化權忌，巨門權忌、太陽權忌之類，年紀差距偏大或是差距多一點。特例是：天梁祿權，也會偏大。

2、年紀小的對象：夫妻宮或是官祿宮，任何星曜化祿科，太陰祿科、貪狼祿科，任何星曜化祿科，也都會偏小一點、差距少一點。

3、大小通吃：廉貞祿忌。

（二）、年紀大小的差異的概念：

1、女大於男：只要男小於女，小一天也算的。

2、男大於女：超過5歲以上，才叫年紀大。生年權忌串聯夫妻。天梁祿串聯夫妻。很容易差至少5歲。

3、夫妻宮串聯雙忌：福德忌入夫妻，逢生年忌。或是夫妻忌入福德，逢生年忌，也容易相差很多歲。

4、夫妻坐生年忌，轉甲太陽忌或是轉丁巨門忌也容易相差多歲。夫妻宮有天梁星或太陽、太陰、天機、巨門等星曜化權忌，婚姻容易差異很多歲。

5、論命時有時候需要猜測。例如一男命，夫妻坐生年丁巨門忌，轉甲太陽忌。那麼你可以對命主說：「你容易大你配偶很多歲（5歲以上），也容易是你配偶比你大。」這樣用「容易」就比較有彈性，命主也容易接受。反之，論命如果過於斬釘截鐵，不富於彈性，那就很容易走進死胡同，影響問命的人的選擇的。

（三）、長相年輕顯小，跟老成穩重：

1、除了年紀大小的區分。「長相」也是一個解釋的方式，比如說年紀小，長相是讓人看起來年紀大的。或是年紀大，長相看起來年紀小的，也都是符合。

2、長相差異大：美女與野獸的組合，

（四）、「門不當戶不對」、雙方背景條件差異大：

夫妻忌轉忌跟生年忌交忌的，都可能背景條件差別大的。年紀、長相的差別只是其中一個，還有各種家庭背景的差別，也許有人是窮為了錢，嫁給有錢人。千金小姐跟窮書生私奔。

生年忌串聯上夫妻宮，如果忌再多交幾個，就是一句話：背景條件差別大：年紀、背景、長相、身高體重，就不是「門當戶對」。命理是一個道理，有飛化就有這種類似的事情發生。還可能老夫少妻，老妻少夫。比較特異的組合。

三、廉貞、貪狼化祿、忌的不同：

1、廉貞、貪狼桃花星祿權多感情多，桃花性事多，有這方面的福報。可以在風花雪月裡、花朵裡蜜蜂蝴蝶亂轉的春風得意。長相身材特別好、生殖能力強大。

2、桃花星見忌，感情性事的福報就少，多了就容易早衰退。感情呆板不想亂搞，或是感情雜亂到處惹禍。桃花星見忌的，性事也不能多，會影響生殖系統。像汽車零件品質不好又不保養，常常使用就容易損壞。所以，要愛惜使用。

3、女性在生殖系統上面比男性更容易在這方面上有問題，婦科病比男科病複雜多了。

4、生理學上，愛情是有性繁殖動物的意慾表現，愛情肯定是受到荷爾蒙（如催產素）與外激素影響而產生的表現，像噴香水、古龍水，這些「色聲香味觸法」也會影響到一個人的感情。所以，「性慾」也是感情的主要動力來源之一。

四、桃花星見廉貞忌、貪狼忌的解釋，有兩種解釋：

1、泛濫的感情，如果不修行，桃花星見忌，就會像「好色的豬八戒、發情的野狗」，無理智的桃花、爛桃花。

2、戒色戒桃花，桃花星見忌，就是「不喜桃花、對桃花不敏感」之類，變成宅男女，不近女色男色，像「草食男」、「魚乾女」之類的。

3、嚴謹的守戒律，出家當和尚、尼姑、道士、道姑之類都是修行持戒。專心修道是不錯的選擇。

學生乙：正如你所言，修道以後，那些桃花自動遠離。還是因為自己的修行把桃花拒絕門外呢？因為我接觸紫微後，亂七八糟桃花了，都拒之門外。

周星飛：可能。除了持戒之外，還可能有時候是護法把這些擋掉了，每個人都有護法的，有大有小、有多有少。

五、貪狼、廉貞與修行的關係：

周星飛：桃花星見忌愈多者，會有極端之象。如果不是很下流，就是持戒嚴謹。桃花星見祿權愈多者，大凡都是「風流、才子」之人，只有極少數能成修行的精英者，比例上可能是一萬個裡才有一個修行的高僧。所以，命理師看走眼的，多半在桃花星的祿權上面的論斷。

學生乙：忌最好的結果體現，就是持戒。

周星飛：貪狼忌是修行執著，除了執著，也容易修錯。有祿容易修得好。有權容易很積極的修行。

學生甲：怎麼看喜歡喝酒。

周星飛：貪狼忌廉貞忌啊！破壞修行。但是有貪狼祿權、廉貞祿，那酒量也可能一等一的強大。

六：桃花星的祿忌看感情：

學生甲：陀羅組合貪狼整天想著啪啪啪。

周星飛：嗯，很準嗎？

學生甲：試了兩個都好用。

周星飛：啪，這個對20歲的可能也很準的。一般來說，廉貞祿忌多的也很適用的，或是子女、疾厄見甲、丙的宮干都可能好用，比較準。

學生甲：那個女的就是忌入子女沖田宅，我說她踏入那個大限就不願意在家。

周星飛：忌是執著廉貞忌的事。但是，忌有後遺症，容易萎縮，氣血不足，所以，用多了就會不舉、冷感。當然也可以說，氣虛、寒氣太重了。

學生甲：廉貞火辣嗎？老師。

周星飛：辣。命理上而言，尤其廉貞祿入父母、兄弟之類的，真的很容易胸大，很會叫春天的。所以廉貞祿入父母，很有性媚力顯於外，也容易身材好，胸大之類的。兄弟宮是「中氣位」，相學裡說虎背熊腰之人，是兄弟宮有祿權，自然胸口中氣很足，聲如洪鐘，子女宮、兄弟宮串聯「廉貞祿加上太陰祿」更是胸大又美白。太陰祿是「美、白、乾淨」，天機祿就沒有「性」的意味了。但是在兄弟一樣也會「中氣足的」。廉貞祿還是比較「性」，貪狼次之。所以，兩大桃花星，廉貞主慾，貪狼主情。人慾之橫流，在於「廉貞祿忌」。宮、星、象、四化都不同的含意。各位同學要好好的學習一下。

第五課

生年忌入十二宮的解釋：適合每一張命盤，借命盤論六親，跟相應的解釋。

一、生年忌入十二宮的解釋：最基本的象義解釋及情況，能適用在每一張命盤上。大家要熟記。

（一）、生年忌入十二宮的解釋：

（1）、生年忌入命：自己固執、沖遷移，有事往肚裡吞。沖遷移，內心世界不跟外界往來。

（2）、生年忌入兄弟：想創業有野心，容易中氣不足。也有白手起家的想法。媽媽、兄弟固執。容易床位空虛。分房分床睡。沖交友，容易在內心世界把人分三六九等，而有不同的對待方式。或是把朋友、同事幹掉、拉黑。

（3）、生年忌入夫妻：有先成家再立業的想法。對感情有責任感，也有感情上的壓力。老婆固執。沖官祿，喜歡單純的工作，太累不想幹，容易事業不穩，工作有淡旺季，時多時少，或是工作表現不想太複雜，工作上處理不好。

（4）、生年忌入子女：慈悲心重，對小孩、小輩、合夥、親戚有責任感，也有壓力。容易遇到要幫小孩、小輩、合夥、親戚擦屁股。沖田宅，容易不常在家，金錢容易留不住。

（5）、生年忌入財帛：對金錢容易斤斤計較、謹慎小心，也容易口袋中沒有多餘的現金。現金容易不足。賺錢一步一腳印。沖福德，現實為主，不要談精神世界。沒錢也容易不安全感。

（6）、生年忌入疾厄：勤勞多運動多，有健康上長期的問題老傷、舊傷。不忙就容易生病。忙就不容易生病。工作時段不好，或是工作的環境不好、辦公室工廠環境惡劣。沖父母。忙到無法學習，無法跟上司、父母溝通聯絡、悶著頭自己躲著工作、學習。

（7）、生年忌入遷移：個性上比較直率單純。處理事情跟人際關係，「非黑即白」，快刀斬亂麻，但是也容易處理不好、得罪別人。或是不想與別人來往，當宅男女。EQ比較差。沖命，讓自己少了點人生的方向。人生目標比較迷糊茫然。

（8）、生年忌入交友：對朋友有責任感，有爛朋友，交友債。還可能被當凱子、笨蛋而不自知。不想競爭或是競爭不過別人。「佛系」的個性。沖兄弟，想當老大就要多花錢，別人請客，自己就搶著付錢。沖兄弟（成就位）也容易人生一事無成，或是人生變動大，一變動就是「從頭再來過」，沖兄弟，也是容易中氣不足、氣虛、一口氣吸不上來得感覺。

（9）、生年忌入官祿：對工作有責任感，也有工作上的壓力。存在先立業再成家的觀念。沖夫妻，容易為了工作就不理感情了，或是用工作來麻痺感情。感情上的EQ差了一點。另一半的遷移有忌，EQ差了一點，或是直率單純。（可以參考生年忌入遷移宮）

（10）、生年忌入田宅：對家庭有責任跟壓力、節儉的個性。保護家裡的成員。容易累積家產。多半只進不出。節儉或是窮的情況。沖子女，小孩、下屬、合夥緣都少了點。對親戚不太往來，對人際關係也比較冷淡的，也不想合夥的。或是合夥的要求高，或是容易拆夥。

（11）、生年忌入福德：容易被刺激就生氣、憂鬱，容易有精神上壓力，小事都會有困擾，想太多、晚睡或是不睡覺，或是重視自我的享受。沖財帛，愛花錢。心情好不好會對賺錢、花錢的觀念產生影響。

（12）、生年忌入父母：對長輩忠孝、讀書有責任感，也有壓力。臉上嚴肅、不太愛笑。容易有病容。臉上氣色不好。沖疾厄（疾病加上災厄），容易生病、意外受傷，或是換工作地點（事業的田宅）。

（二）、生年忌轉忌：當作生年忌的力量帶到下個宮位。

舉例來說：生年忌入夫妻，轉忌入田宅。

象義有三：

1、生年忌入夫妻。

2、當作田宅有生年忌。

3、夫妻忌入田宅。

先把上面的象義：（3）生年忌入夫妻，跟（10）生年忌入田宅的解釋，說給命主來聽聽，問問有沒有這樣的情況跟個性。這個的用法，就很簡單的。

（三）、「借盤看六親」：忌轉忌來看另一半：

舉例來說：生年忌入夫妻，轉忌入田宅。

借盤看的解釋是「另一半命宮有生年忌，轉忌入田宅」。

象義有三：

1、生年忌入命。

2、當作田宅有生年忌。

3、命忌入田宅。

先把上面的象義：（1）生年忌入命，跟（10）生年忌入田宅的解釋，先說給命主來聽聽，問問有沒有這樣的情況跟個性。

這個的用法，就很簡單的。

（四）、相應的解釋：

官祿庚天同忌入命（大限官祿），相應官祿宮的忌象義解釋有三：

1、官祿忌入命。

2、官祿忌入大限官祿。當作官祿宮有生年忌。

3、天同忌。

那這樣子就可以找「生年忌入官祿」的象義。

（五）、以上，生年忌入十二宮，怎麼使用方法。象義解釋放諸四海都能用的。

（六）、命忌入十二宮，可以參考生年忌的解釋，但是，少了「責任感」的解釋就可以。其中比較大的差別，在「命宮自化忌」，是一種沒有什麼人生目標，也沒有要執著的地方，跟生年忌入命是固執，有一點比較大的差別。其他的十一宮，都可以參考的。

夫妻宮四化入十二宮的解釋

一、夫妻宮化祿入其他宮位的象義：

（以夫妻的祿、忌為說明，權科就類推解釋：權是積極推動、影響、強迫；科是客氣，有禮貌、安排計畫、拖拖拉拉）。

1、夫妻自化祿：對感情來說，是天真過度樂觀，容易波動心情。讓外人感覺你的感情豐富、容易被撩動的樣子。

2、夫妻祿入子女：談感情是為了要生小孩，配偶對小孩很好。沖田宅，也會容易談感情就離家了。

3、夫妻祿入財帛：配偶會協助我多賺錢，讓我的賺錢方式更靈活。或是多給我錢花用。

4、夫妻祿入疾厄：配偶讓我的身體很輕鬆、吃吃喝喝、發福發胖。因為另一半，也常常帶出去旅行玩。

5、夫妻祿入遷移：我的感情的EQ很高。配偶讓我名聲很好，在外走路有風。另一半是上流社會，我也跟著進入上流社會。任何宮位祿入遷移，該宮會在社會上有名聲、EQ高。

6、夫妻祿入交友：談的對象讓朋友都覺得這個對象很好。朋友都說：郎才女貌很登對。配偶讓我的朋友高興，擴大我的朋友圈。

7、夫妻祿入官祿：配偶喜歡跟你一起工作。另一半會把工作讓你來幫忙，有了感情你的工作就順利快樂。另一半的個性是「命祿入官祿」，喜愛工作也喜歡你。

8、夫妻祿入田宅：談感情是以成家為目標。配偶很顧家的，會讓家裡的每個人都高興的、物質生活都過得很好，讓你喜歡待在家裡照顧子女。另一半希望多生小孩，讓家裡多點人，多子多孫多福氣的。

9、夫妻祿入福德：感情會讓我高興、心滿意足，祿照財帛，也會在對象身上多花錢。挑對象一定也有「特別的偏好」，選擇條件就一定會放得比較「寬」一點。比如說：一定要身材好，但是，身高、體重，就未必一定要有條件。可能只要「身材好」就可以了。不像忌入福德這種，一定要身材好，還要身高、體重都要符合才可以，忌就是會過於「挑剔」了。

10、夫妻祿入父母：感情讓父母很高興、得意，自己也有面子，辦婚姻有大排場，也容易「高攀」對象。娶千金、嫁入豪門。

11、夫妻祿入命：感情讓我高興在心裡面，照遷移，也不對外說、暗爽在心裡。外人也不明白我的感情事的。

12、夫妻祿入兄弟：感情讓我的媽媽、兄弟姊妹都高興。另一半讓我創業輕輕鬆鬆的。談感情就要快樂的睡在一起，照交友，不對朋友說。兄弟宮還有床位、夫妻房間的情趣位。有人很在意床上功夫好不好，通常跟夫妻宮、兄弟宮有關的。

二、夫妻宮化忌入其他宮位的象義：

（以夫妻的忌為說明，權科就類推解釋，權是積極推動、影響、強迫；科是客氣，有禮貌、拖拖拉拉）

1、夫妻自化忌：對感情來說都隨緣不用心、不堅持什麼、隨波逐流，不求回報，也不一定有回報。自化忌易消散，常常會忘了另一半的存在。

2、夫妻忌入子女：談感情就是為了要生小孩，沖田宅，感情結婚是會離家的。另一半重視小孩子，不容易存錢。

3、夫妻忌入財帛：談感情是以現實為考慮的，配偶也是現實主義者。婚後容易被另一半控制金錢，沒錢就會貧賤夫妻百事哀。沖福德，不在乎心靈契合的問題。有錢就好。夫妻忌入財帛、兄弟、田宅：娶了對象的目的，就是要現實麵包，不考慮愛情。沖福德，不重享樂，只重實際。兄弟、財帛、田宅這幾個宮位都是跟錢有關的宮位。

4、夫妻忌入疾厄：感情的問題讓我的身體很忙，容易意外而受傷，或是另一半讓我勞動、運動健身。也可能另一半做小生意，就跟著到處跑天天要上班的。沖父母，感情上不對長輩說、不想公開低調。

5、夫妻忌入遷移：感情的問題讓我很衝動，沒腦子。或是感情的問題就會讓我當宅男女，躲起來。或是談感情的對象、想法、方式跟一般人不一樣，反社會人格、離經叛道。感情的事很直率，愛就愛、恨就恨，不理會世俗之見，只要我喜歡沒有什麼不可以的，逆著社會的規範而行。比如說愛上不能愛的人，愛上罪犯或是有夫之婦也可以愛的。通常夫妻忌入遷移、父母、交友，串聯多宮位的忌。所謂的「離經叛道」就是這樣子的，任何宮位忌入遷移其中的解釋之一就是離經叛道、逆社會而行。如果感情不好會讓你灰頭土臉的，名聲臭不好聽。

6、夫妻忌入交友：配偶重視朋友情義，對別人很好胳臂往外彎，另一半干涉我的交友，談感情婚後朋友變少。命主的感情上的口碑不好，或是談的對象有問題，被朋友罵觀念行為有問題。比如說交到年紀小的對象，朋友都說：有異性沒人性，對你就會產生「微詞」，或是交到背景差別大的也可能的，總是朋友會說閒話。感情上有佛系的個性。佛系談感情、佛系桃花婚姻。因為兄弟是「床位」或是分居兩地，偶爾睡一起。或是結了婚之後，沒幾年，就分房睡了，睡在一起的時間就不多。沖兄弟，感情分手後就不聯絡了，這段感情一事無成，從頭歸零。

7、夫妻忌入官祿：對象跟你一起工作，會讓你工作很忙。比如說你想幫配偶工作，或是配偶把工作丟給你來做。

夫妻忌入官祿，也稱為夫妻「忌出」官祿，任何的宮位忌入對宮，都叫忌出，都有一去不回頭之象。

夫妻忌出，分手也是很快速的、不回頭，配偶說：「對不起，我要到外地工作了，你跟我就分手了。」另一半的個性是「命忌入官祿」，他愛工作勝於愛你。

8、夫妻忌入田宅：談感情就是以成家為目標。另一半勤儉顧家。或是感情讓家庭裡產生冷淡或是失和。沖子女，另一半說，沒錢就不生小孩，或是就把小孩拿掉。六親不往來。感情上比較「現實、務實」。

9、夫妻忌入福德：感情會讓我煩惱，或是吃不下睡不著失眠晚睡。感情上也會挑對象，一定有特別的條件，未必是世俗的白富美或是高富帥這種標準的。比如說，有的人喜歡胸大，有的人喜歡臉美或腳長，各種有偏好的。感情也容易受傷。嚴重會發瘋痛苦，或生離死別想不開（任何事忌入福德，都會產生情緒上的苦悶煩惱，睡不著失眠之象，然後很挑剔）。配偶有特殊的嗜好享受或是偏執想不開的情況。沖財帛，就容易為了感情亂花錢。

10、夫妻忌入父母：

（1）、感情上是不想曝光的，怕見光死，怕影響到「長輩的心情」就有壓力，怕父母或是對方的家庭不同意就分手了。

（2）、配偶是命忌入父母的個性是孝順的，可能常常往自己原生家庭跑。不苟言笑的、個性直率的。怕帶回家，惹長輩不高興、不討喜。長輩反對婚姻、或是婚姻吵鬧，讓長輩非常不高興。

（3）、感情無名份（忌入父母，沒有文書證件），主動或是被動的不想登記或是無法去登記，成為有份無名的夫婦關係。不同國家的婚姻可能沒辦法辦理手續。夫妻可能會有不同戶籍。或是離婚後名份消失，還要打官司。

（4）、長輩反對婚姻，就可能私奔去了。得不到長輩祝福。可能另一半跟命主的背景、條件差太多了，公主跟乞丐，門戶不對。

（5）、可能另一半有什麼見不得人的事情，所以，不想曝光。比如說，另一半是一個「有官司、犯罪的」。

(6)、感情上的事容易一團混亂沒有理智，遇到異性會害羞的，臉皮不厚。在辦婚宴的時候，也是使不上力，或是不想使上力。

(7)、感情要低調，守本分、感情想法很直觀，不考慮太多。

(8)、如果臉皮很厚的話，就可能會沒有道德感，「違心之論」的話都會說出口的。

11、夫妻忌入命：感情的問題讓我心裡有壓力、有責任感，另一半固執、不好溝通，感情桃花只能單一，多一個就必定惹麻煩。沖遷移，有了感情或是婚後就收斂不活躍，放心裡面不想講出來。

12、夫妻忌入兄弟：感情的問題，會讓我財庫很緊。另一半叫我創業，或是談感情就是要睡在一起。婚後，命主跟媽媽、兄弟姊妹的感情漸漸平淡。也容易婚後朋友變少。另一半也會管你的交友的情況。兄弟宮還有床位、夫妻房間的情趣位。比如說，有人很在意床上功夫好不好，通常跟夫妻、兄弟有關的。有一種飛化：命丙廉貞忌入兄弟，逢夫妻甲廉貞祿來會，這種組合多半很喜歡玩房中術，鍛鍊相關的運動。

三、祿轉忌、忌轉忌。如何使用象義：

（一）、祿轉忌：夫妻祿入田宅，轉入財帛。象義兩個人：

1、夫妻祿入田宅。

2、夫妻祿入財帛，透過田宅。

就可以直接查上面的「1、夫妻祿入田宅」、「2、夫妻祿入財帛」的象義解釋。

（二）、忌轉忌：夫妻忌入田宅，轉忌入財帛，象義三個：

1、夫妻忌入田宅。

2、田宅忌入財帛。

3、夫妻忌入田宅、透過財帛，就可以直接查上面的「1、夫妻忌入田宅」、「3、夫妻忌入財帛」的象義解釋。那田宅忌入財帛，就可以翻書上來解釋。

十二宮四化入夫妻宮的解釋

一、夫妻宮四化入其他宮跟其他宮四化入夫妻宮的象義解釋：

（以祿、忌為例，以祿、忌入夫妻為說明，權科可以類推，權是積極推動，強迫影響；科是客氣、有禮貌、推推拉拉）。

（一）、其他宮位化祿入夫妻宮，祿照官祿宮大原則是：

影響感情變好，影響吃得好、吸收好、長胖、健康、長壽，影響工作的表現愈來愈好。

1、命祿入夫妻：當然是命主個性對感情很博愛，多包容。照官祿，容易工作表現良好。

2、兄弟祿入夫妻：我的兄弟對我的配偶好，或是我的兄弟對他們的另一半好。如果創業的工作就想做接案式工作，不要天天上班。職位愈好，讓我的配偶高興，那我的工作表現就愈順利。

3、夫妻自化祿：命主對感情容易動情，只要異性一微笑，就覺得異性對他有意思了。讓人感覺容易被撩動。

4、子女祿入夫妻：小孩、小輩、親戚、合夥，讓我的另一半高興，下屬、合夥人的協助讓我的工作表現很好。

5、財帛祿入夫妻：金錢的問題，讓我的另一半很高興。工作賺錢會選擇接案式的工作。

6、疾厄祿入夫妻：自己的健康狀況變好了，旅行、出差吃好玩好，吸收能力好，變胖一點。工作的環境愈好，我的工作表現就愈好。

7、遷移祿入夫妻：處理感情非常有能力。或是常常無心的一個舉動、說句話就有了感情。泡妞、泡帥哥能力強。出門愛看帥哥美女，眼睛看、耳朵聽、鼻子聞、就會影響你的感情了。在社會經驗愈多，會讓你處理感情的能力愈來愈強。照官祿，社會經驗豐富可以讓你的工作表現愈來愈好。或是脾氣EQ很好，工作就表現愈來愈好。

8、交友祿入夫妻：感情上多貴人，朋友讓夫妻感情變得更好。朋友一句話，就讓我跟另一半的關係變好。或是朋友變成我的對象。或是朋友介紹對象給我。朋友、同事影響我工作的表現，讓我工作愈來愈順利。

9、官祿祿入夫妻：工作順利會影響感情也愈來愈好。工作愈好，另一半愈高興。工作要多多對外圓融表現。也可能工作上的同事變成我的對象，或是因為工作找到另一半。

10、田宅祿入夫妻：我的家庭對我的配偶好。或是教我要對配偶多包容。或是家庭、家族的成員介紹對象給我，或是住家的陽宅風水，會造成感情跟工作都很順利之象。用陽宅風水能催旺感情跟工作的。

11、福德祿入夫妻：我的精神上很重視感情、喜歡讓配偶很高興。喜歡分享我的宗教信仰、嗜好給另一半聽聽。我的情緒愈好，工作就愈順利。

12、父母祿入夫妻：父母對感情很包容、開明（父親的命祿入夫妻，母親的福德宮祿入夫妻）。父母讓我趕快結婚的，對我的另一半很好。讀書好也影響感情有好的發展順利。祿照事業，讀書、父母、長輩、公司、老師的支援能幫我提高工作際遇與工作機會。讀書好對工作表現很有幫助（夫妻是官祿的遷移宮），或是容易有「裙帶關係」而有好的工作機會。

13、綜合來論：四化入夫妻，就會影響夫妻宮的變化，愈多的星在夫妻宮，夫妻宮產生的變化就愈多，會沖照官祿宮。比如說，祿入夫妻，權入夫妻，科入夫妻，忌入夫妻，那夫妻宮、官祿宮的變化就很多了，跟春夏秋冬一樣，感情上、工作上洗三溫暖，上沖下洗。體驗不同的感情的心情。

二、其他宮位化忌入夫妻宮，沖官祿宮大原則是：

二、其他宮位化忌入夫妻宮，沖官祿宮大原則是：影響感情上執著、單一、阻礙。影響健康變瘦，不吃不喝不消化，影響工作的表現愈來愈單純，或是變成表現不好、工作

做做停停、接案式的工作。

1、命忌入夫妻：我對感情執著，不想工作、工作做做停停。

2、兄弟忌入夫妻：創業就辭職，或是創業的工作，不想天天上班，創業項目是接案式、接單式工作。創業讓另一半不高興。

3、夫妻自化忌：對感情來說都隨緣、不堅持什麼。

4、子女忌入夫妻：小孩、小輩、親戚，讓我的另一半不高興，或是讓我的工作起伏很大。做做停停。

5、財帛忌入夫妻：錢的問題，讓我的另一半不高興。因為錢的問題就辭職不幹、工作就怠慢。選擇接案式的工作來賺錢。

6、疾厄忌入夫妻：很容易一生病就變瘦，或是喜歡斷食、辟穀。工作的環境差、工作效率就慢，或是辭職不幹。

7、遷移忌入夫妻：對感情關係有些膽小、不善談感情。或是常常無心之過，就沒感情了。或是不懂泡妞、泡帥哥。或是容易感情上被騙，被利用，被劈腿。遷移忌入夫妻，外在影響你的感情。沖官祿，可能社會經驗不足，讓工作表現也不好。或是不知道什麼事，就沒有工作了。或是脾氣EQ不好，就不想工作了。

8、交友忌入夫妻：朋友影響我的感情。朋友介入夫妻感情，或許是第三者，或是朋友一句話感情就生變了，感情上犯小人。感情上有佛系的個性。佛系談感情、佛系桃花婚姻。不想競爭或是競爭不過別人。朋友、同事影響我工作的表現，讓我失業。一樣的道理：交友忌入官祿，工作上犯小人，沖夫妻，也會感情上犯小人。

9、官祿忌入夫妻：工作想要單純一點，做的工作，不要太累，做做停停就好。或是工作辭職得快。工作影響感情。也可能同事變對象。對象從工作上而來得。

10、田宅忌入夫妻：家庭教育、家族門風都是很重視感情的。要多為另一半付出。家庭的人容易早早就退休，或是叫你工作不要那麼辛苦。陽宅風水會影響另一半跟工作的穩定。

11、福德忌入夫妻：我的精神上很重視感情、挑剔感情的，我把情緒發洩在配偶身上。沖官祿，如果一旦有了情緒，我就會不想工作的。

12、父母忌入夫妻：父母對感情執著放不開（父親的命忌入夫妻，母親的福德宮忌入夫妻），父母讓我趕快結婚的。我的讀書、公司的上司會影響我的感情。沖官祿，讀書、父母、公司長官讓我的工作表現不好，冷處理，或是工作量有淡旺季。讀書對工作表現沒有幫助。被公司炒魷魚，失業了。

13、綜合來說：

（1）、父母、子女、交友忌入夫妻，通常可以簡單說「感情、工作上犯小人」。

或是「佛系」的個性。放棄希望不掙扎。

（2）、福德、遷移忌入夫妻，通常可以說，命主的感情很不得意。沒福報。福德、遷移、夫妻都是「果報宮位」。

（3）、四化入夫妻，就會影響夫妻宮的變化，愈多的星在夫妻宮，夫妻宮產生的變化就愈多，也沖照官祿宮。比如說，祿入夫妻，權入夫妻，科入夫妻，忌入夫妻，那夫妻宮、官祿宮的變化就很多了，跟春夏秋冬一樣。感情上、工作上洗三溫暖，上沖下洗。體驗不同的感情、工作的心情。

借盤論夫妻宮的概要

怎麼看另一半的情況，那有幾個「名詞」要先學習的。

一、何謂：「體」、「用」：

（一）、本命盤為「體」：十二宮位為體。

1命宮，2兄弟，3夫妻，4子女，5財帛，6疾厄，7遷移，8交友，9官祿，10田宅，11福德，12父母。

（二）、何者為「用」：以下介紹「用」法，分別解釋：

1、大限、流年為用：比如說，大限命宮在子女，命宮是大限田宅。命宮（大限田宅）化忌入本命田宅，就產生「相應」。可以看事情發生的時間點。

2、借盤看六親為用：

（1）、看對象的情況：夫妻宮（另一半的命宮）、子女宮（另一半的兄弟宮）、財帛宮（另一半的夫妻宮），其他以此類推。

（2）、看父親的情況：父母宮（父親的命宮）、命宮（父親的兄弟宮）、兄弟宮（父親的夫妻宮），其他以此類推。

3、看陽宅風水為用：疾厄宮是官祿宮的田宅宮是你的「辦公室、工廠、工作室」。官祿宮是父母宮的田宅宮，是「長輩住的房間，或是書房」。財帛宮是交友宮的田宅宮，朋友的家庭經濟狀況，或是你家的「客房」。

4、所以，命盤可以看很多的情況，先提供比較簡單的理論給大家參考。

（三）、十二地支，也可以叫「體、用」。有主體跟延伸的運用。

（1）、十二地支配上「年」，就是十二生肖。

（2）、十二地支配上「月」，就是十二個月。

（3）、十二地支配上「時」，就是十二時辰，中醫十二經絡。

（4）、十二地支配上「方位」，就是方位學，陽宅風水學。

（5）、十二地支配上「子午線」，午宮是頭，子是人下陰。可以看出先天健康被影響的部位。

二、借盤論夫妻宮的第一步：借盤看夫妻宮的宮位的轉換：

1、命宮是夫妻宮的福德宮：另一半的精神狀況。

2、兄弟宮是夫妻宮的父母宮。另一半的讀書狀況。

3、夫妻宮是夫妻宮的命宮。另一半的命宮。

4、子女宮是夫妻宮的兄弟宮：另一半的兄弟姊妹。

5、財帛宮是夫妻宮的夫妻宮：另一半的感情位。

6、疾厄宮是夫妻宮的子女宮：另一半的子女宮。

7、遷移宮是夫妻宮的財帛宮：另一半的財帛宮。

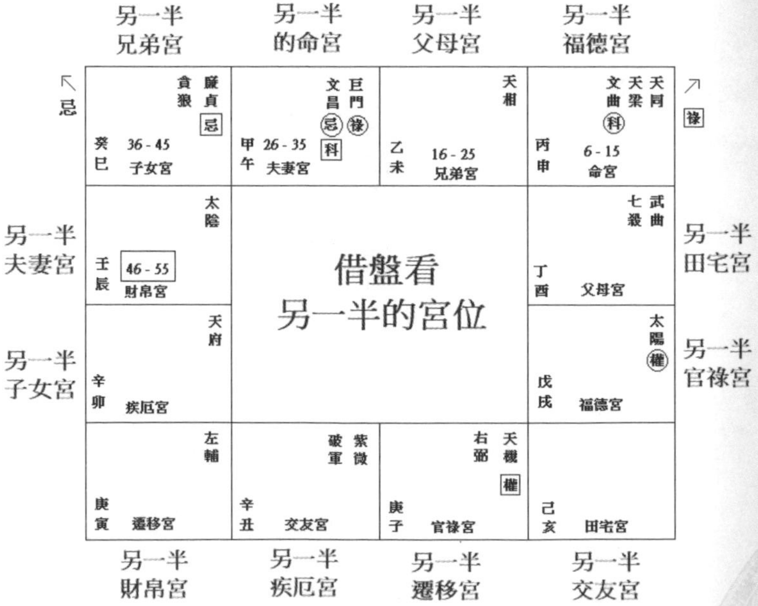

8、交友宮是夫妻宮的疾厄宮：另一半的健康狀況。
9、官祿宮是夫妻宮的遷移宮：另一半的人際關係、待人處世。
10、田宅宮是夫妻宮的交友宮：另一半的交友的狀況。
11、福德宮是夫妻宮的官祿宮：另一半的工作。
12、父母宮是夫妻宮的田宅宮：另一半的家庭。

三、借盤論夫妻宮的第二步：「靜盤」與「動盤」看法：

(一)、靜盤的寫法：

1、把「生年四化」、「命宮四化」當作兩組「生年四化」來看。論夫妻宮的靜盤，當作有兩組生年四化：就不用寫「天干」。

(1)、生年巨門祿入命、生年太陽權入官祿，生年文曲科入福德，生年文昌忌入命。

(2)、生年天同祿入福德、生年天機權入遷移，生年文昌科入命、生年廉貞忌入兄弟。

2、把「自化」也寫上去。夫妻宮的靜盤的自化：就不用寫天干。

（1）、兄弟宮有貪狼自化忌。
（2）、福德宮有天同自化祿。
3、象義解釋可以參考《飛星紫微斗數零基礎到學會的25堂課》周星飛的著作。
4、備註：借盤看，福德宮的自化祿，跟福德宮的生年祿，可以暫時的看成一樣，不會整個影響命盤的大局。

（二）、動盤的寫法之一：用歸體的手法。

1、借盤看，另一半（夫妻宮）的命宮四化：
另一半的命宮甲廉貞祿入子女宮。
另一半的命宮甲破軍權入交友宮。
另一半的命宮甲武曲科入父母宮。
另一半的命宮甲太陽忌入福德宮。
2、借盤看，另一半的祿轉忌的解釋：
祿轉忌：另一半的財帛宮（遷移宮）庚太陽祿入福德宮，轉戊天機忌入官祿宮。
象義有兩個：

（1）、財帛宮祿入福德宮。

（2）、財帛宮祿入官祿宮，透過福德宮。

（3）、太陽祿加天機祿。

3、**借盤看，另一半的忌轉忌的解釋：**

忌轉忌：另一半的命宮（夫妻宮）甲太陽忌入福德宮，轉戊天機忌入官祿宮：象義有三個：

（1）、命宮忌入福德宮。

（2）、福德宮忌入官祿宮。

（3）、命宮忌入官祿宮，透過福德宮。

（4）、太陽忌加天機忌。

（三）、動盤手法之二：原本的「生年四化跟自化」又會再跑出來一遍。

1、另一半的財帛宮（遷移宮）庚天同忌入命，逢命宮丙天同自化祿，轉丙廉貞忌入子女，逢子女癸貪狼自化忌：象義有五：

（1）、財帛宮忌入命宮。

（2）、命宮忌入子女宮。

（3）、財帛宮忌入子女宮，透過命宮。

（4）、命宮自化祿。

（5）、子女宮自化忌。

所以，命宮的丙天同自化祿，跟子女宮的癸貪狼自化忌，就會跑出來得。先這樣子學習，不用太緊張，不會讓大家學錯的。

2、另一半的財帛宮庚太陽祿入福德，逢生年太陽權，轉戊天機忌入官祿，象義有四個：

（1）、財帛宮祿入福德宮。

（2）、財帛宮祿入官祿宮，透過福德宮。

（3）、生年權在福德宮。

（4）、太陽祿加天機祿。

所以，生年太陽權在福德，就會再出現一次。先這樣子學習，不用太緊張，不會讓大家學錯的。

（四）、動盤手法之三：交祿。善緣。

另一半的夫妻宮（財帛宮）壬天梁祿入命，轉丙廉貞忌入子女宮，逢另一半的命宮甲廉貞祿來會。

另一半的「夫妻宮跟命宮」交祿在子女，透過命宮。

(五)、動盤手法之四：交忌。不好的緣。

另一半的遷移宮(官祿宮)庚天同忌入命宮。

另一半的交友宮(田宅宮)己文曲忌入命宮。

另一半的「遷移、交友」交忌在命宮。

以上，為借盤論事，用歸體的手法，大家可以先學起來。不要停在這裡。再繼續往下學習。

四、借盤論事：還有「用歸體」與「不用歸體」兩種手法：

(一)、用歸體：夫妻宮是另一半的命宮。

另一半的命宮甲廉貞祿入原命盤的子女宮，

象義解釋為：命祿入子女宮加上廉貞祿。這個叫「用歸體」。

(二)、不用歸體：夫妻宮是另一半的命宮。

另一半的命宮甲廉貞祿入「另一半的兄弟宮」（本命子女宮），象義解釋為：命祿入兄弟宮加上廉貞祿。這個叫「不用歸體」。

（三）、我派的飛星紫微斗數強調的是第一種：「用歸體」。

大家也不要緊張說，為什麼有兩種。大家只要先有概念就好，這個題目，先要知道就好，不要停在這裡，繼續往下學習。

十二地支跟十二生肖的用法

十二生肖可以用來找有緣沒緣、緣多緣少的生肖的對象、貴人、上司、醫生、朋友、合夥人等等，也是一種參考。

一、命例1：感情緣份的參考。

蛇 巳	馬 午	羊 未	猴 申
龍 辰			雞 酉
兔 卯			狗 戌
虎 寅	牛 丑	鼠 子	豬 亥

↖忌　　　　　　　　　　　　　祿↗

廉貞 忌(框) 貪狼 癸巳 36-45 子女宮	巨門 祿(圈) 文昌 忌(圈) 科(框) 甲午 26-35 夫妻宮	天相 乙未 16-25 兄弟宮	天同 天梁 文曲 科(圈) 丙申 6-15 命宮
太陰 壬辰 46-55(框) 財帛宮	辛亥年 男命		武曲 七殺 丁酉 父母宮
天府 辛卯 疾厄宮			太陽 權(圈) 戊戌 福德宮
左輔 庚寅 遷移宮	紫微 破軍 辛丑 交友宮	天機 權(框) 右弼 庚子 官祿宮	己亥 田宅宮

(一)、生年四化看法：很粗略的單純看貴人與小人是什麼生肖。

1、生年辛巨門祿入午(馬)，有好緣。祿的緣。

2、生年辛太陽權入戌(狗)，有好緣。權的緣。

3、生年辛文曲科入申(猴)，有好緣。科的緣。

4、生年辛文昌忌入午(馬)，有緣少。忌的緣。

(二)、跟夫妻宮的交祿權科忌：來看跟另一半的生肖緣好、緣少。

1、交祿是好緣：財帛壬(辰、龍)天梁祿入命，轉丙廉貞忌入子女，逢夫妻宮甲廉貞祿來會。

屬龍跟夫妻宮交祿。也是好緣。

2、交祿權也是好緣：子女癸(巳、蛇)破軍祿入交友，夫妻甲破軍權入交友。屬蛇跟夫妻宮交祿權。也是好緣。

3、交祿科也是好緣：夫妻甲武曲科入父母，田宅(亥、豬)己武曲祿入父母。屬豬跟夫妻宮交祿科，也是好緣。

4、交權科也可以：夫妻甲武曲科入父母，官祿(子、鼠)、遷移(寅、虎)庚武曲權入父母。屬鼠、虎跟夫妻宮交權科，也是好緣。

5、交忌，是感情緣份少：屬羊跟夫妻宮交忌。

夫妻宮甲太陽忌入福德宮。兄弟乙（未、羊）太陰忌入財帛宮。

所以，屬羊的感情緣份少一點。

6、跟夫妻宮交忌祿：有付出有獲得，不對稱的得失。

（1）、命丙（申、猴）丙廉貞忌入子女，逢夫妻甲廉貞祿來會。

另一半屬猴，能得到我感情上得好處。（祿被忌劫走了）

（2）、夫妻甲太陽忌入福德，逢官祿庚（子、鼠）、遷移庚（寅、虎）太陽祿來會。

另一半屬鼠、虎，我能得到她們感情上得好處。

7、這個生肖的緣多、緣少，是很粗略的看法，提供大家參考。

二、命例2：實例命盤：看感情跟生肖的影響。

（一）、看緣份好壞、宮星象四化的組合解釋：

1、交祿：夫妻壬天梁祿入官祿，轉戊天機忌入命，逢父母乙（酉、雞）來會。所以，

生年是乙或是生肖是雞，應該都可以參考。

2、交祿權：夫妻壬天梁祿入官祿，父母乙（酉）天梁權入官祿

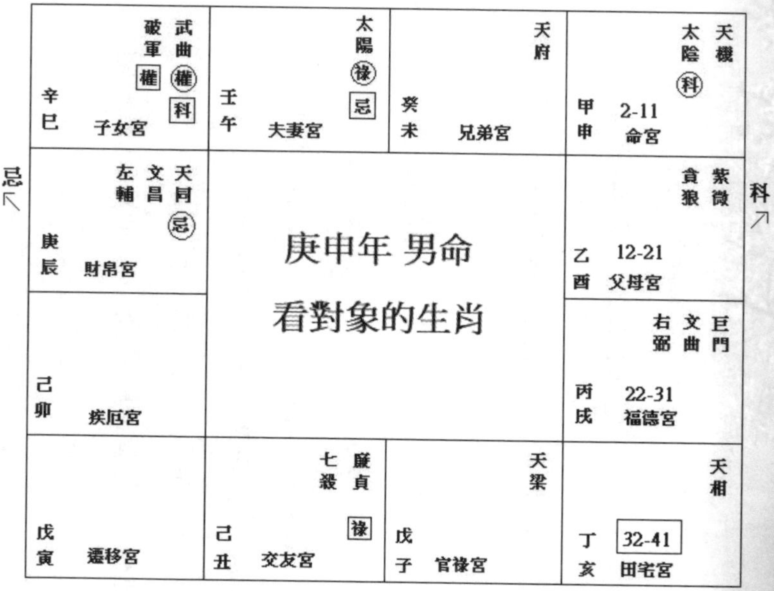

所以，看這個命主選乙年生或是屬雞都是好的對象的。

3、父母宮是自己的父母、名份位、證書位、國家位、另一半的田宅，所以，應該對方的家庭也不錯。也能有高攀的傾向。

4、回饋：第一個女朋友是乙丑年生的。而且家境不錯，其父是一個一千人工廠的廠長。

（二）、借盤論女朋友的父親，跟命主自己的兄弟、媽媽的命格：

1、女朋友的父親是兄弟宮（夫妻宮的父母宮），也是命主的媽媽，或是命主的兄弟姊妹，都在兄弟宮。

2、女朋友父親的遷移宮（原命盤的交友宮）有廉貞祿、七殺權，女朋友父親的兄弟宮（原命盤的夫妻宮）有太陽祿忌。

3、遷移、兄弟多祿權，女朋友的父親，或是命主的媽媽、兄弟姊妹，也是容易偏向一個「貴」格。當總經理，居高位管理階層是很正常的。

4、借盤看，佔同樣宮位的人未必會有同樣的職位、發展跟人生。其實借盤看只是一個大方向的看法。真要精準就直接看女朋友的父親的命盤。借盤看只是一個方便法門，但是，練好這門功夫，可以讓命理往上幾個檔次。

三、命盤跟方位的關係：可以找有緣的方位的對象。不一定對，但是可以參考。

子是正北，午是正南，卯是正東，酉是正西。

上面的生肖的緣份，可以換成方位來看，也是一個看緣份的方法，不一定對，可以參

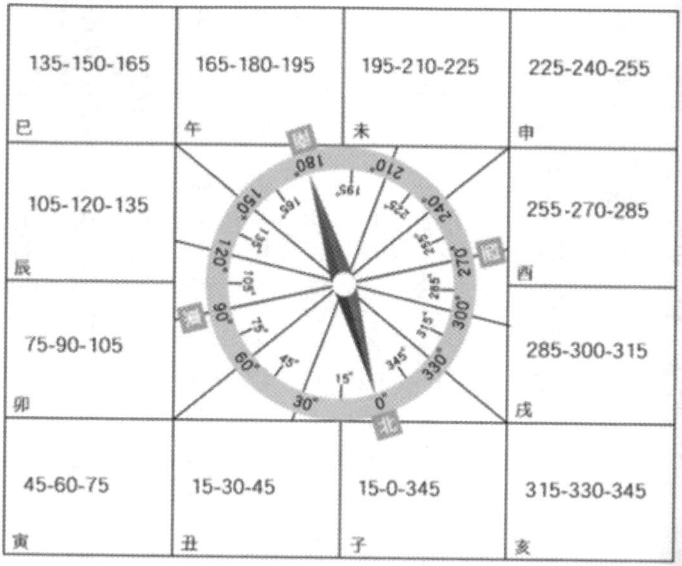

考。前一個命例：

1、夫妻宮有生年庚太陽祿，午位：正南方(165度到195度)。可能有好的感情緣。

2、交祿：夫妻壬天梁祿入官祿，轉戊天機忌入命(申位)，逢父母乙(酉、雞)來會。夫妻跟父母交祿在命宮，申宮：西南方(225度到255度)。可能有好的感情緣份。

3、交祿權：夫妻壬天梁祿入官祿，父母乙(酉)天梁權入官祿。官祿宮在子位(345度到15度)。可能有好的感情緣份。

4、父母宮酉宮(255度到285度)，化祿權跟夫妻宮交祿權，也可能是有緣的方位，感情上也有貴人幫忙之象。

5、所以，看感情有緣的方位、生肖，都可以參考的。

第二部分

飛星紫微斗數的感情實際命例研究

第二部分：飛星紫微斗數的感情實際命例研究

人的情緒複雜多樣。有七情：喜、怒、憂、思、悲、恐、驚。有六慾：眼、耳、鼻、舌、身、意。而感情的類型有千百萬種。那怎麼樣學習才能在複雜的情況裡，找到由繁入簡的理論，必須先對「感情婚姻桃花」有整體的概念才行。

第二部分的實際命例研究，**會先把感情的整體架構說明一遍，讓學生、讀者，先有概念，後面再接著各種命例實證的說明，這樣子才不會以偏概全來論事。**如果，只是一味的背命例而不知命理，很容易學偏激了。死背命例容易把命盤論死，最後變成都是套命例。那就很容易變成扣別人帽子。

關於實際命例的編寫，我盡可能不用「太八卦、嗜血」的標題。我們不是要探人隱私，而是以研究命理為主。所以，不要見到這種「八卦」的命例就拼命的來研究。大家要放平常心，保持心態上的中庸平和來研究命理，才不會讓思緒走偏。

第十課

感情婚姻桃花總論

談感情、說婚姻、論桃花，也未必都是高興的，也有不高興的。
談感情、說婚姻、論桃花，也未必都是主動的，也有被動被逼的。
感情、結婚，也未必都有父母的祝福的，也有私奔的。
感情未必都是兩情相悅的，也可能肉體的需求而來的。
結婚，也不是都有證書的，也有沒有證書的。
結婚，也未必都是頭腦清楚的，也有頭腦不清楚的結婚。
結婚，也未必白頭到老，也有閃結閃離的。
各式各樣的理由，產生的「感情、婚姻、桃花」不同的變化，這個都要慢慢來研究。

一、感情、婚姻，好緣善緣的情況：

(一)、善緣的婚姻、感情：

名正言順的感情、婚姻結婚的話，父母、田宅、夫妻為主，如果夫妻跟田宅、父母的組合（交祿、交祿權、交祿科、交權科），婚姻會比較長久一點。夫妻跟其他宮位的組合，也會有不同的善緣。

夫妻，是你的另一半，感情的對象。

父母，是你的父母，或是對方的家庭，或是政府的文書位，結婚證書。

田宅，是你的家庭、家族、陽宅風水。

1、交祿是好緣：夫妻跟父母、田宅交祿，這個是相處圓融的緣份。家裡好，配偶也會好。配偶好，家裡也會好。婆媳或是岳父跟女婿也能比較和諧相處。

2、交祿是好緣：夫妻跟福德交祿。遇到心滿意足、心靈契合、志同道合、宗教信仰、興趣嗜好一致的對象。

3、交祿權：化權跟化祿組合一起也是好的。權是「積極促成」；祿是「圓滿和樂」。

（1）、催促結婚：命祿入夫妻，父母化權來會，你對另一半好，加上長輩的壓力、催促相親結婚，或是公證結婚。

（2）、長輩要抱孫子：夫妻祿入子女逢父母、田宅的權來會，也是類似有家庭長輩的壓力、催促生小孩而結婚的。

（3）、婚後有房子：父母祿入田宅，夫妻權入田宅：這個就是容易另一半的催促而結婚的，長輩也會給你們房子的。

（4）、非常風光嫁娶：夫妻祿權入父母、遷移，逢父母、遷移生年祿權或是自化祿權，或是逢田宅、兄弟、遷移、福德的權祿來會，這個容易風光嫁娶，容易大擺宴席，宴請眾賓客。夫妻祿入父母，是婚姻愛面子講排場。夫妻權入父母是婚姻要想比別人更好、佔上風、霸氣、臉上貼金。

（二）、好的婚姻感情：容易娶千金，嫁入豪門的命理：

1、感情致富：夫妻祿入田宅、疾厄、兄弟。嫁了、娶了就能家庭有祿，也是旺家。嫁給有錢人也是合理的解釋。如果，嫁給沒錢的呢？那婚後一樣也會有錢的。

2、嫁入豪門：夫妻跟田宅、父母、遷移、福德交祿，交祿的過程串聯「田宅、兄弟、疾厄」也很好。比如說遷移祿入田宅，轉忌入命，逢夫妻的祿來會。這樣也是可以發財，因為串聯田宅都能嫁入豪門、或是婚後致富的富貴命。

3、興家旺宅：父母宮是「夫妻的田宅宮」，疾厄宮是「夫妻的子女宮」。父母宮、疾厄宮有祿權，另一半也是會有添丁添財的福報。父母宮有祿，是另一半的田宅有祿，祿照另一半的子女宮，容易子孫滿堂、興家旺宅。

4、能遇貴夫、貴婦：

（1）、父母宮、官祿宮、子女宮得祿權，容易有貴夫、貴婦的另一半。父母宮是夫妻的田宅宮、官祿宮是夫妻的遷移宮、子女宮是「夫妻的兄弟宮」。其中兩個有祿權，容易另一半是高管、總經理、CEO、半個老闆的命格。

（2）、夫妻坐生年祿，轉忌、逢福德、遷移的祿來會，福德、遷移坐生年祿，轉忌，逢夫妻的祿來會。也容易有貴夫、貴婦的命格。如果交祿在「田宅、兄弟、財帛」，一樣發大財的。

（3）、夫妻坐生年祿轉忌，逢父母宮、田宅祿來會，這個也容易有「貴夫、貴婦的命格」。也最好交祿在田宅、兄弟、財帛。

（4）、夫妻坐生年祿，轉忌，逢父母宮的祿權來會是臉上有光。高攀對象，也容易嫁娶風光！

二、感情、婚姻，壞緣緣不足的情況：交忌的解釋：

父母、田宅、夫妻為主，夫妻跟田宅、父母「交忌」組合，婚姻會問題比較多。那還有跟其他宮位的交忌，也有其他的問題。

（一）、夫妻跟父母交忌：

1、通常感情婚姻就是沒理智、沒想法、不知所措的暗戀。或是傻傻的就嫁娶，或是父母逼的、不得已就嫁了。結婚不跟父母說。私奔去了。

2、感情上就容易受騙上當，沒心機。桃花劫財劫色。

3、或是違反社會人格、違反理智的婚姻：同性戀、多角戀、地下戀等等。

4、沒有結婚證書的婚姻，或是國家不給登記。

5、父母的忌太多，也可能變成「騙感情的人」。

6、分手、離婚可能也會打官司，面臨官司的問題。

7、另一半跟長輩、家庭不和諧。婆媳問題之類的。

（二）、夫妻跟福德交忌：

1、感情很挑剔。一旦找到「心目中的公主、王子」，死也都要娶、要嫁的。

2、感情上的好、壞情緒都會放大，「愛欲其生，恨欲其死」。好的時候會上天堂，壞的時候就像下地獄。感情得不到，就會鬧情緒，自殺的，或是殺對方的。

3、夫妻雙方的心靈不在一起，同床異夢不能交心。

（三）、夫妻跟田宅交忌：感情跟家庭、家族緣份少。

1、不跟長輩住在同一個房子裡，或是家庭、家族反對感情婚姻。家裡沒有另一半的空間。談了「門不當戶不對」的對象。

2、貧窮夫妻：談感情也容易變窮或是節儉。如果分手或是離婚財產會損失很多。

3、陽宅風水或是祖先業力不利於另一半。房子不旺感情。

（四）、夫妻跟官祿交忌：感情跟工作常常會有衝突，不然，就是同時會給壓力，也會造成不高興，最好二選一。

（五）、夫妻跟交友交忌：

1、感情跟朋友的關係不能融合在一起。有異性沒人性。

2、感情上就容易被朋友罵，談的對象條件差異比較大。

3、容易分隔兩地、分房、分床。

4、不想競爭或是競爭不過別人。或是完全放棄不想爭。感情上有佛系的個性。佛系談感情、佛系桃花婚姻。

（六）、夫妻跟遷移交忌：

1、感情上處理能力弱，容易產生手腳忙亂，或是不知所措，有參加聚會就容易跟異性保持距離。

2、感情上就容易受騙上當沒心機，桃花劫色。

3、感情的事，或是對方是違反社會人格、違反理智的婚姻：同性戀、多角戀、地下戀等等。

4、遷移父母的交忌太多，也可能變成騙子、感情亂處理。

（七）、夫妻跟疾厄交忌：感情跟肉體、旅行玩樂產生不和諧。

1、遇到感情，肉體就容易受傷。比如說，男人帶妳玩運動、健身，或是帶著妳去做危險的行為，潛水、跳傘之類的，就容易意外受傷。

2、談了感情，就不會到處去玩了。

（八）、夫妻跟財帛交忌：感情金錢不能和諧。比如說，男女雙方的金錢觀不同，花錢與賺錢的方式不一樣，會產生吵架、冷戰。或是錢放在誰的身上，也會吵架的。或是有了感情，現金就愈來愈緊，有節儉或是窮樣。

（九）、夫妻跟子女交忌：感情上只要談到小孩的事、創業合夥、親戚、性慾生活的事就容易吵架，冷戰。

（十）、夫妻跟兄弟交忌：感情跟創業二選一，想升官發財要成就的事要另一半同意才可以。跟房間位上的事（睡不睡一起，分居、分床、分隔兩地的事）也會產生問題。另一半跟自己媽媽、兄弟姊妹也不和諧。

（十一）、夫妻跟命交忌：感情跟你自己產生不和諧。遇到感情，你們兩個人的人生目標，可能就容易出問題。

1、假設：命跟夫妻都忌入田宅，兩個人就會搶房子的所有權在誰的名下。

2、假設：命忌入子女，夫妻忌入田宅。你自己愛小孩，對方是重視經濟狀況，那一個要生小孩，一個要有錢才會生小孩，那兩個就會為這兩件事鬧的不高興。

（十二）、多忌入夫官線上，也是一種婚姻品質有問題之象。感情、工作就像魚跟熊掌不能兼得，雙方都不穩定。相互衝突。

三、不對等的感情、婚姻：

夫妻的忌，逢到其他宮的權，或是夫妻的權，逢到其他宮位的忌：忌是執著，是冬天，保守。權是積極，是強迫，是熱情。權忌好的組合意義，是雙方相互配合努力賺錢。權忌壞的組合意義，是強迫、抗爭、鬥爭。

（一）、夫妻忌入田宅，命權入田宅。

1、你的另一半很執著要買房子，你很積極的要想買房子，兩個人一個積極一個執著，能齊心合力一起買房子的。

2、你的另一半也很想要房子，你自己也很想要這個房子，所以，兩個人就會爭搶房子。你的另一半，以忌的想法態度打算「長期的抗戰來要到這個房子」，那你自己一直會用積極想法、行為搶到這個房子。忌的態度就是冷淡的長期抗戰。權的態度就是積極努力強迫獲得。

（二）、夫妻忌入父母，逢福德的權來會。

1、你的感情讓父母不高興，你的福德權入父母，你的精神會去壓迫父母要答應這個感情。

2、你的另一半讓父母不高興，你就爆發，兩人就槓上了。

（三）、夫妻權入父母，逢福德的忌來會。

1、你的感情讓父母非常得意過頭，你很急著說，有機會趕快就嫁娶了。

2、你的另一半講話佔上風，你就不高興槓上了。

四、不對等的婚姻、感情：

夫妻的忌，逢到其他宮的祿，或是夫妻的祿，逢到其他宮位的忌：忌是執著，是冬天，是保守。祿是隨緣，高興。會產生「祿隨忌走」的情況。有忌的人得，有祿的人失。也會產生不和諧、不對等的情況。

（一）、夫妻祿入父母，逢福德的忌來會。

你的感情讓父母得意，有高攀的情況，你的福德忌入父母，你會想快速的去抓到這個感情，所以就有閃婚、快點在一起的情況。

（二）、夫妻忌入父母，逢福德的祿來會。

你的感情讓父母不高興，你會一直跟父母遊說、說服、協調說：兩個人在一起多好多好。讓父母能改變心意。或是另一半不會表達，不會拍馬屁。你就代替另一半多說好話，多送禮，做好人。

（三）、夫妻忌入田宅，命祿入田宅。（祿隨忌走）

你的另一半也很想要房子，你自己一心為了讓家裡高興，不執著房子在誰的名下。因為你的不執著，房子容易在另一半的名下。「狗（忌）咬肉包子（祿）」

（四）、夫妻祿入田宅，命忌入田宅。（祿隨忌走）

你的另一半對你的家庭很好。你自己對這個房子很執著。所以，另一半就不會為了房子的事跟你爭搶。房子容易在你的名下。

五、閃婚的婚姻、感情的閃在一起：

（一）、通常會跟「忌入父母、遷移」有關。

夫妻忌入父母、遷移，這種感情就很直率，是就是，不是就不是、很急躁不多思考。愛情是很簡單的事情。只要喜歡，沒有什麼不可以的。直率的人就很容易衝動去登記結婚，也算閃婚。

（二）、自己想閃婚：夫妻的祿，逢到福德的忌。福德的忌加夫妻的祿就容易閃婚。因為忌就是餓狗，抓到祿就會狠狠的咬。抓到機會就上。自己想閃婚。

（三）、別人想閃婚：夫妻的忌，逢到福德宮的祿來會，也容易被對方「閃婚」。對方的忌，咬到你的祿，就會狠狠的咬，有機會就上。別人想閃婚。

（四）、遷移祿入夫妻，泡妞泡帥哥的能力強，容易「閃電結婚」（遷移的祿會有意外的機會）。夫妻祿入遷移是你的感情EQ高，或是挑到的配偶的社會地位高。讓你的感情事容易令人羨慕的。夫妻跟遷移的交祿，有以下特點：容易會快速結婚，感情很風光，容易有遠方的配偶。不缺異性緣，永遠有備胎的。

（五）、遷移忌入夫妻，逢夫妻宮的自化祿科，或是生年祿科的，也容易閃電結婚，這個容易感情被劫，可能會有第三者插足進來，也可能會有犯傻的意外感情結婚。讓人驚嚇、大感意外的結婚。也是算桃花劫的一種。

六、被騙結婚，所謂的「結婚的昏」或是桃花劫：

結婚飛化組合也不一定只跟夫妻、父母、田宅有關的，有些跟遷移、福德與夫妻有關。「結婚的理由」千百萬種，還有可能被騙的婚姻，或是桃花劫。

（一）、遷移、交友丁巨門忌入夫妻，可能被設計、下了套的感情婚姻，結婚不見得都是快樂的，有可能糊裡糊塗就結婚了。

（二）、父母、子女、官祿、交友忌入夫妻，這個就要小心很多事會有阻礙感情，或是有其他介入感情的原因，尤其是牽扯到「巨門忌」、「廉貞忌」、「貪狼忌」，這個更容易是被設計、被騙、被傷害的感情。

(三)、田宅、父母權、忌入夫妻，也容易因為家庭、長輩的壓力，不得不去結婚的。

(四)、夫妻忌入父母、遷移，或是夫妻跟父母、遷移交忌，也容易傻傻的結婚。另一半拉著就去結婚了。或是父母跟對方說好了，就去結婚了，父母亂說、亂逼著去嫁娶。或是桃花犯傻，桃花劫財劫色之類的。

(五)、田宅、父母、夫妻破得很嚴重的話，可能感情婚姻的原因就很奇怪。這種感情婚姻的時間就不會太長，或是感情婚姻的時間長但是品質不好。

七、不正常的感情、婚姻：

(一)、夫妻忌入遷移、父母，或是夫妻跟遷移父母交忌。感情的想法有反社會人格的傾向，不得眾人一般社會的認同。再串聯交友、福德、田宅、遷移之類的，都可能會有幾個情況：

1、感情上的混亂：同性戀、多角戀、不婚戀，奇奇怪怪的戀、桃花劫色、三陪小姐特種行業工作。或是對象有問題，感情對象不詳。一夜情的，感情放浪之象(廉貞忌、貪狼忌、巨門忌)。

2、戶口有問題，登記錯誤，或是不想登記，國家不給登記(串聯巨門忌、文昌忌、文曲忌)。

3、偏房、側室、地下情人、小王。(串聯巨門忌、廉貞忌)。

4、感情的冷感、冷淡，就沒桃花緣、拒絕桃花。感情上完全空白的，當宅男女的、像草食男、魚乾女一樣。對於感情一點性趣也沒有。也很像出家人道士，一心求道持戒修行、戒了感情一樣、沒有感情的(串聯廉貞忌、貪狼忌)

5、容易有上法院，打官司之象(串聯巨門忌、廉貞忌、文昌忌、文曲忌)。

(二)、最近在台灣吵很兇的，同志要結婚的這件事，對同志們來說，他或是她的對象，都是「同性的」，但是也是「感情」。我算過同性戀的，從夫妻宮論「他、她」的同志伴侶，也是論得準。因為夫妻宮就是他(她)的感情觀世界，廣義的夫妻宮，泛指一切的感情，不管異性戀或是同性戀，雙性戀、變態戀，都是「戀」。

學生甲：泛指所有一切動之以情、男男、男女、女女的都算。那喜歡動物呢？

周星飛：如果是「照顧動物」，那就不是感情了，養寵物，是子女宮的事。如果是跟動物結婚之類的，當然就是夫妻宮。因為「情」的不同，這些事必需要一個「通盤的解釋」，才有辦法解釋的。

八、怎麼簡單看感情：夫妻宮裡的星星跟宮干四化：

（一）、夫妻宮太多星，會有太多四化入夫妻，都會影響感情的起落的。夫妻宮的祿太多，對每個對象都很好，雨露均霑。夫妻宮的忌太多，容易每個對象都不放手，每個都要；也可能最後什麼都不要。**忌多了就扭曲，都不放手，或是累了就全部放手，往極端發展，這個大家要記一下。**

（二）、感情對象多：

1、夫妻宮自化忌，加上夫妻宮祿權入兄弟、疾厄、田宅，又逢生年四化。

2、夫妻宮自化忌，加上很多祿權入官祿，照夫妻。

3、這兩個情況造成感情上不堅持，只要有機會就上，容易很多感情桃花對象。

（三）、過多的忌入夫官線：容易影響感情。把感情沖淡，或是過多的壓力給另一半。造成感情緣份變淡薄。類似八字說的「剋」的情況。

九、因為生理情況而引發情慾的情況：體味或是媚力的問題。

（一）、看不見的性費洛蒙的影響：子女宮串聯廉貞祿，身體上有種特別的性費洛蒙的味道，有辦法吸引到對象千里而來。就像「體香」一樣。每個人的身上都有某些的體味。這個會吸引桃花對象來追求。

（二）、情慾多而引發的感情：

1、性能力強大，容易有過多的情慾而引發感情。子女宮串聯桃花星，廉貞祿貪狼祿權，就很容易有這方面的福報。

2、肉體性慾執著：子女、疾厄丙廉貞忌加上交友的甲廉貞祿，也是一種肉體上有性慾需求就找朋友來滿足。肉體的忌咬交友的廉貞祿包子。

3、精神情慾執著：命福德丙廉貞忌加上夫妻甲廉貞祿：這是命主情慾執著，也是一種感情。只要有需求就找「對象」來滿足。

4、身材好也會容易讓人產生性衝動的，像疾厄、父母坐廉貞祿，或是父母宮、疾厄宮干飛甲廉貞祿，或是生年甲廉貞祿轉忌入父疾線上，也都會有身材好之象。身材好會令人產生情慾的衝動。

（三）、生理上的問題：子女宮串聯「廉貞忌、貪狼忌、太陰忌、其他星星的多忌」之類的，可能產生：

1、生殖功能上的障礙：先天生殖系統缺陷、婦科問題、難懷孕、男女的性冷感、性無能、對感情產生壞的影響。

2、有體臭，像狐臭之類的，能讓異性、桃花對象排斥遠離。

3、桃花病、性病、吸毒助性、放縱情慾，不愛惜自己。

十、同盤就是同命？不要硬扣別人帽子。

同樣的命盤，有人是同性戀，有人不是同性戀？那怎麼解釋？如果只會套命盤，保證會被學生考倒的。

很多命理老師喜歡用一個同性戀的命盤，去套另一個人的命盤，硬要說人家是同性戀，那也是造口業的。因為人家明明就不是。所以，論命最怕遇到類似的命盤，照前面命盤的答案去套用、「硬扣帽子」在後面的人身上，說：你一定是如何如何的，這個就落入死板的命理了，命理玩死了就不會進步了。所以，我現在教大家，一定先從大方向去下手，再從小細節去解釋，這樣子才不會讓你們學死命理。

以上的說明，把感情婚姻桃花的架構都說明白，讓大家對於感情上的命理有整體概念跟瞭解。接著下面的課程，就會針對實際命例來說的。

有旺妻旺夫的飛化

命盤的看法有兩種：靜盤、動盤。

1、靜盤：父母宮是另一半的田宅宮。子女宮是另一半的兄弟宮。官祿宮是另一半的遷移宮。疾厄宮是另一半的子女宮。此四宮有祿權，容易另一半有錢、有能力的。能找到好的另一半。

2、動盤：夫妻祿權入田宅、父母、遷移、兄弟之類的，也是另一半能力強，有錢好的另一半。

或是福德、遷移祿入田宅、財帛、兄弟，轉忌，逢夫妻的祿來會。這種發財賺錢跟另一半有關。也是對象能旺家的。

一、命例1：借盤看對象的社會地位、能力。

借盤看：對象的遷移宮有破軍祿、紫微自化科。

對象的兄弟宮有巨門祿權。對象的田宅宮有太陽權。

所以，我估計：命主找的對象的格局高，應該是一個中高層主管到老闆的命格。即便找到一個鄉下女青年，也可能談了感情或是婚後，鄉下女青年在工作上或是創業會勢如破竹的一直往上發展。也算是「旺妻」的男人。

	對象的兄弟宮	對象的命宮	
廉貞 貪狼(忌) 文昌 忌 丁巳 財帛宮	巨門 權 祿 戊午 子女宮	天相 己未 23-32 夫妻宮	天同 天梁 庚申 13-22 兄弟宮 (忌↗)
太陰(科) 左輔 丙辰 疾厄宮	癸酉年 男命 借盤論對象的命格		武曲 七殺 文曲 辛酉 3-12 命宮 (科↗)
天府 乙卯 遷移宮	對象的遷移宮	對象的田宅宮	太陽 右弼 權 壬戌 父母宮
甲寅 交友宮	紫微 破軍(祿) 乙丑 官祿宮 (↙科)	28歲 天機 甲子 田宅宮	27歲 癸亥 福德宮

二、命例2：學生V問二女婿的命盤。另一半容易是能力強的對象。2017命例。

周星飛：命盤上的特點：

1、遷移癸破軍祿入交友，這個就是「善於交際之象」，轉王武曲忌入田宅，善於交際會把好處帶到田宅旺家，比如說，如果要買房子可以到處多打聽，多問問就會買到好房子。串聯破軍祿偏財星，武曲祿正財星有橫發之象。命、福德己武曲祿入田宅。破軍一祿一權、武曲三祿三權。武曲有兩個果報宮位，從遷移和福德化祿而來得，更有橫發之象，還有一個生年權都是很旺之象。如果有創業之類就會賺很多錢。判斷一生的財富應該不會少於5千萬的。

權↖ 太陽(祿) 右弼 辛巳 官祿宮	破軍 壬午 交友宮	天機 癸未 遷移宮	紫微 天府 甲申 疾厄宮
權↖ 武曲(權)[祿] 文昌 庚辰 田宅宮	庚午年 男命 另一半是 老板的命格		太陰(科) 左輔 乙酉 財帛宮 忌↗
天同(忌) 己卯 26-35 福德宮			貪狼[權] 文曲[忌] 丙戌 子女宮
七殺 戊寅 16-25 父母宮	天梁 己丑 6-15 命宮 ↙[科]	廉貞 天相 戊子 兄弟宮	30歲 巨門 丁亥 夫妻宮 忌↘

2、田宅庚天同忌入福德，又逢生年庚天同忌，福德宮多忌，有錢就花錢享受的、有偏好的享受。比如手機都用華為，從 mate10 換到 mate80。不會虧待自己的。

3、轉己文曲忌入子女沖田宅，比如說有錢了，捨得自己花，也捨得給小孩、家人花，當然多佈施也可能的。

學生V：嗯嗯，有錢就喜歡旅行，也捨得給家人用。想做連鎖小吃。

周星飛：財帛乙天機祿入遷移，轉癸貪狼忌入子女，逢兄弟父母戊貪狼祿，命福德已貪狼權來會，貪狼祿權超多，轉丙廉貞忌入兄弟，這個就是專業能力強，而且有能力開連鎖店。

學生V：命主也不適合管錢吧？

周星飛：命主嗎？當然不適合管錢，第一忌，生年天同忌在福德沖財帛，第二忌入子女，沖田宅，都是不守成之象。

借盤看，老婆的官祿有忌，老婆的兄弟宮有忌，當然就有比較守成的個性。加上老婆的遷移有個太陽祿、自化權，老婆的交友有武曲祿權、自化權，老婆是「富貴格」比他高多了，所以，理當他要當「甩手老爺、技術長工」。老婆就管帳就好了。老婆能守成外緣又好，當老闆、CEO 才對。他領老婆的薪水就好了。

學生V：現在老闆是老婆沒錯。

周星飛：能當CEO的命盤通常是「兄弟、遷移、父母有祿權」。借他的命盤看老婆，都比較像CEO的命格。他老婆出去外面上班，也必然是個女強人。所以，有這個福報娶到好老婆，也能幫他發財的。還有你跟他說，就是天同忌的地方，容易有漏水的事情，處理好了，就能財運更上層樓的。

學生V：嗯，家裡？店面？

周星飛：都可能。反正是店裡、家裡的正東方，天同生年忌，不要有水池積水、漏水就好了。

三、命例3：嫁人之後白手起家成鉅富的命盤：台灣南部某鋼鐵廠的老闆娘的命盤。老闆娘的御用風水八字老師在論壇上出PK題，考我跟另一個老師。財產超過30億台幣以上。

周星飛先說命盤：

1、如果命盤對的話，命庚天同忌入交友，又逢交友生年庚天同忌，這個絕對是一個「好人」。我看了一下這個命盤很像「慈濟的師姊」。

2、為何有錢：福德壬天梁祿入田宅，轉癸貪狼忌入命，逢夫妻財帛戊貪狼祿，兄弟子女己貪狼權來會。當然是有錢的命格。發財的飛化串聯夫妻宮，當然也是婚後能賺大錢，或是直接嫁有錢人都對的。

3、但是老公應該有「不壽之相」，因為交友是老公疾厄有雙天同忌。

4、子女以己文曲自化忌。她對小孩有放任、自由發揮之象，不太愛管。

5、那個小孩得寵，命以庚太陽祿入疾厄(三兒子)。

老闆娘的御用風水八字老師，後來反饋女命主的資訊給我，提供各位參考：

1、這女命只小學畢業，身高155公分左右，出生微寒。

2、但婚後與先生白手起家從事鋼鐵業，目前身家至少30幾億以上。關於這部分你看得真準。

3、她先生在2010年中風，目前在洗腎，不過還沒過世，依你推理，哪年最有可能逝世呢？

↖祿

巨門 辛巳 父母宮	廉貞 天相 壬午 福德宮	天梁 癸未 田宅宮	七殺 甲申 官祿宮
貪狼 庚辰 4-13 命宮	庚寅年 女命 高雄鋼鐵廠老板娘 跟老公白手起家 婚後創業有成		天同 忌 忌 乙酉 交友宮
太陰 科 科 左輔 己卯 14-23 兄弟宮			武曲 權 權 丙戌 64-73 遷移宮
紫微 天府 戊寅 24-33 夫妻宮	天機 文昌 文曲 己丑 34-43 子女宮	破軍 戊子 44-53 財帛宮	70歲 太陽 祿 祿 右弼 丁亥 54-63 疾厄宮

↙忌

4、她雖不是「慈濟的師姊」，但在佛光山至少佈施了超過8千萬以上，你這點滿準的。

5、她有3子，老大不想繼承家業，竟然在加拿大當司機。她真的比較疼老三，據她說老三出生後，事業就日益繁榮，因此她台灣的事業準備給老三繼承，大陸的事業就交給老二。

四、命例4：女命直接嫁有錢人。

2014年命例。

學生甲：師父，今天下午您沒來，學生HAPPY回來回饋了。您一開始不是說她會嫁個有錢人嗎，今天來回饋找了個男朋友，是一個公司的老總，都要準備上市。借盤看老公的田宅有天梁祿，田宅有

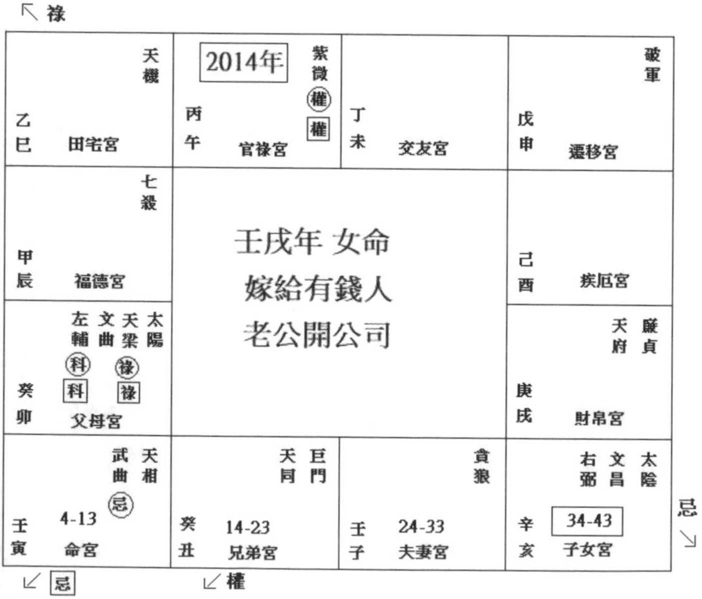

祿，因另一半發家。師父說過，田宅串上天梁、破軍、廉貞、貪狼，都容易有錢的。

周星飛：命、夫妻、生年壬天梁祿入父母，田宅乙天梁權來會，再轉癸貪狼忌入夫妻，逢遷移戊貪狼祿來會。「四祿一權」照官祿，2014年的命宮。更是發財的保證，哪能不橫發？

學生甲：明白了，那財帛庚太陽祿入父母轉癸貪狼忌入夫妻，逢遷移戊貪狼祿來會，也算吧！師父？

周星飛：是的。好感情串聯金錢的宮位，田宅、兄弟、財帛、疾厄。談感情或是婚姻都能有錢的。

五、命例5：學生甲的女同事感情劈腿，也有旺夫之象。2014的命例。

學生甲：師父，我一個新同事，92年女的，很漂亮，她的男朋友都是比她大十幾歲的，而且都是自己開公司的。命、夫妻癸破軍祿入遷移，父母宮甲廉貞祿破軍權入遷移，確實很漂亮，很有吸引力。她昨天還問我，她要不要回家結婚了。

周星飛：高學歷的。明年要失業了。可以結婚啊！不過只怕選哪一個很困擾。

學生甲：是的，她經常腳踏兩條船。

周星飛：畢竟多忌入夫妻，很執著某幾個。生年壬武曲忌入夫妻，這個是有固定的對象。還有命癸貪狼忌入夫妻，這個是換來換去的，逢交友戊貪狼祿入夫妻，桃花還是一直來。畢竟也貪狼命忌，所以，換來換去的對象，還是固定的那幾個。

學生甲：對，她有個固定男朋友，談了四年。

周星飛：而且遷移也己武曲祿入夫妻，逢生年壬武曲忌。會搞定這個「固定的」。遷移己貪狼權入夫妻，也會搞定「不固定」的。

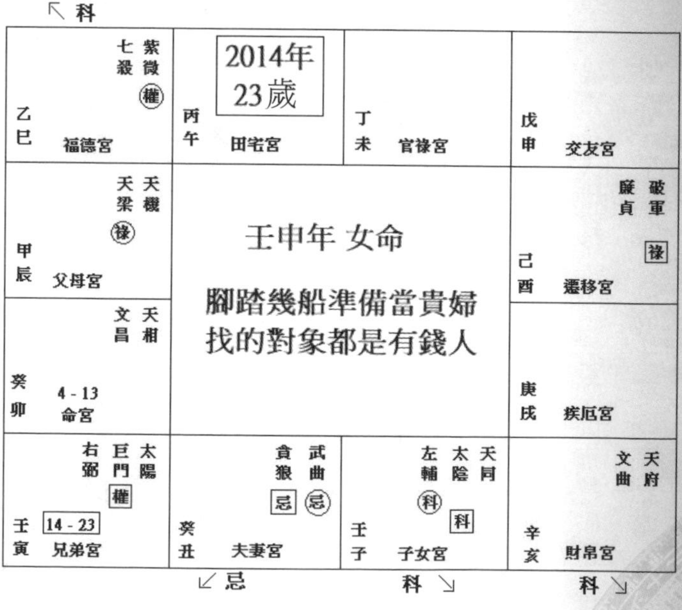

學生甲：命忌入夫妻，也是執著。

周星飛：是，不同星容易有不同的對象，或是講的兩碼事，比如說：跟固定的對象去吃飯，跟不固定的對象去玩，兩碼事。

學生甲：對的，就是這樣。

周星飛：借盤看老公，老公的夫妻宮辛巨門祿入兄弟，逢老公的遷移丁巨門忌來會，也是感情被劫之象。至於是男方劈腿，或是女方劈腿就不知道了，畢竟是被劫，而且忌入兄弟，還會劫財的。

學生甲：現在男朋友開公司，離異的女兒比她小四歲。

周星飛：如果她的男朋友，離婚的時候還可能被挖走大金塊的，所以也算人財兩失的。「現在男朋友開公司」，這個今年容易虧錢的。男友的交友（田宅宮），以丙廉貞忌入遷移，是競爭力輸人之象，有人讓他難看，再轉己文曲忌入財帛，也是賺錢少了點子，或是意外損財。還有他的夫妻（財帛宮）辛文昌忌入命，夫妻跟交友交忌，所以此男在感情上的競爭力輸人，泡妞技巧不如人。所以，難怪此女對這個固定的男友不太感興趣。而且串聯廉貞忌入遷移，也是容易「持戒」，桃花事比較蠢蛋、呆板。

學生甲：我聽她說，要是你有個幾億，我也不會如此跑來工作了。天天打卡上下班。

周星飛：這個都是不正常的想法的，當然也是過於年紀小之象、自大型的。福德坐紫微權，還有七殺也當作有權，當然也是自大，花錢大手筆。福德以乙天梁權，天機祿入父母，容易說話好聽、誇大膨風佔上風。

學生甲：是的，會說話的。

周星飛：所以，男友更是爭不過她的。明年就換大限了，女命準備沒工作了。踏夫妻宮的大限命宮。夫妻見「雙忌」沖官祿？難道會當貴婦？沒事做？

學生甲：我感覺會當貴婦耶！

周星飛：被老公養也是貴婦。我還想到是別的呢！

學生甲：跟男朋友電話說，那我不工作了，你養我吧！

別的？小三？還是？不固定的對象，好像也是開奧迪A6，她說是她哥，但是我感覺不像。

周星飛：心知肚明就好了。**反正她的對象都是有錢人，借盤看老公的田宅見天梁祿，財帛見破軍祿。老公的命，福德癸破軍祿入遷移，田宅甲廉貞祿破軍權入遷移，當然都是有頭有臉的人物**。還有，女命主今年家道中落，而且有投資失利之象。田宅丙廉貞忌入遷移，轉己文曲忌入財帛當然就是失利了，就是虧錢了，逢財帛辛文曲自化科？

學生甲：不然我想她怎麼會出來工作呢！

周星飛：難道損失30萬上下？還是300萬？科是3，自化科234。

學生甲：師父說的是她男朋友嗎？她自己？她家裡？

周星飛：不是，從田宅出發的，至於是她自己還是她的家裡。就不知道了，也可能投資房地產、炒股被斷頭賠錢了。

學生甲：她說她父母做生意的，輪胎生意。家裡也有很多畝田地。

周星飛：那就家裡賠錢了。田宅忌入遷移，也可能房地產被「賤賣、亂賣」。所以解釋的可能是很多的。

學生甲：師父，她這個夫妻宮是官祿的遷移宮好多忌。但是我也不能確定她是出於真心，還是出於為了拉攏我，老是講些安慰的話給我聽。

周星飛：夫妻多忌，沖官祿。就是不想工作當閒人，或要單純的工作，或是不想工作太累。看看流月吧！九月踏夫妻雙忌，我看這個月有大關卡，沖官祿，所以也可能請長假出去玩。遷移、父母見祿，聰明智慧，看人眼力真得好，找到有錢的男人也是旺夫的，如果她去認識一個窮小子也會發達的，當然也是旺夫。畢竟她的對象都是有錢人，如果找個沒錢的，照樣也會變有錢的，才是符合命理。

學生甲：師父，是的，她說她自己去算命，都說她旺夫的。

周星飛：是，不過也會有「不旺家的時候」。田宅丙廉貞忌入遷移，保證家裡日日見空的，或是家裡被罵、風評不好。財帛辛文昌忌入命，這個就有收入不好或是工作賺不到錢之象。

學生甲：她也說我有點幼稚。

周星飛：幼稚就不好？未必。人生幹嘛要那麼複雜？不是常常算計別人就一定會有錢的，也不是對象很多、感情豐富，就是有好婚姻的。「很多的經驗」有時候另一個意義就是「失敗」。命癸巨門權入兄弟，沖交友，也是對人不客氣的，君臨天下之感。說話很大聲。福德權入兄弟也一樣，反正十二宮的權入兄弟，都容易對人不客氣。

後面的回饋：

學生甲：師父啊，您好厲害啊！我那個同事真的不打算做了，她剛才跟我說，明天就打算過去打個招呼。這才上了幾天班啊！比我還不能堅持。

學生乙：怎麼了，學生甲師姊。

學生甲：我一個同事才上了不到一個禮拜的班，就打算辭職了。師父之前不是說了，她都不想幹了，是真的不想幹。

周星飛：大概要閒很久。

學生甲：估計是的，反正她每天上班都搭計程車，不缺錢的。命忌、生年忌都在夫妻宮，官祿的遷移多忌，根本就不想工作啊！不過，也只是剛才說說而已，也不知道明天是不是真的辭職了，也可能是心血來潮。

周星飛：有人照顧就好。

學生甲：有人照顧的，師父，她不是說了有個開公司的男朋友，不缺錢的。

周星飛：夫妻多忌，沖官祿，不想工作的。上次說的，有整理？

學生甲：是的，師父放心，您說的，我都有記錄的。不過，真的是準啊！師父，她說她打算出國留學。但是前幾天還跟我說，想回家嫁人。我都不知道哪句真，哪句假了。

六、命例6：學生的朋友的盤能嫁貴夫。2014年的命例。

周星飛：她這個田宅、夫妻都串上了，應該是嫁貴夫的吧！交友癸破軍祿入田宅，遷移甲破軍權來會，還有田宅有破軍自化祿，生年壬紫微權，福德官祿壬紫微權入田宅，田宅至少兩個祿四個權，照明年2015年子女宮（流年命宮），所以明年有很大的領導格局也會發大財的。

學生甲：師父，我看她這個氣串得還蠻長的。她明年想自己開公司。

周星飛：轉癸貪狼忌入疾厄宮，逢夫妻宮戊貪狼祿來會，而且跟感情有關？當然也不一定講夫妻的事，可以用官祿宮的遷移宮來解釋，可能工作表現超強。

學生甲：應該是男朋友會幫忙，她男朋友出錢的，跟她同事一起開公司。

周星飛：不過呢，夫妻也戊天機忌入福德，這個要小心感情上會讓她瘋瘋的，脾氣不好。沖2014年今年流年的命宮（財帛宮）。所以，今年也很容易亂花錢、愛生氣的。

2014年33歲

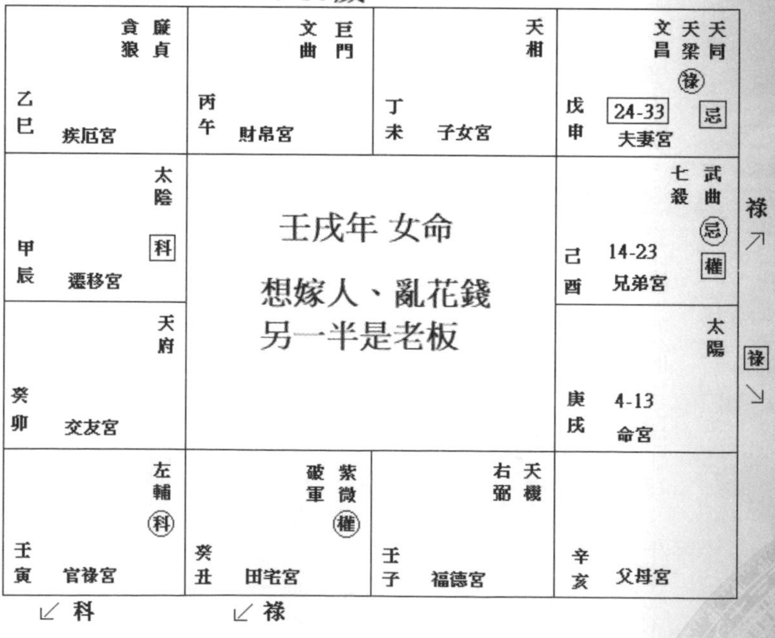

學生甲：是的，師父，她今年花錢很厲害，一個月花了8000，花在打扮上面。她想跟她男朋友結婚，但是她又不好意思主動跟她男朋友提，她男朋友自己開公司的，公司準備明年上市。想發脾氣又不能發。所以她就壓抑得很，亂花錢。

周星飛：是。還好夫妻宮有生年壬天梁祿，男朋友還是有開明之象。

學生甲：師父，您說她明年會不會跟她男朋友結婚啊！她明年是非常急切的想嫁人。

周星飛：反正，過了2014年夫妻的忌沖，應該就好多了。夫妻宮戊貪狼祿入疾厄宮，轉乙太陰忌入遷移宮，逢子女宮丁太陰祿來會，夫妻和子女宮交祿在遷移宮。是有妻、有子之象。

學生甲：奉子成婚？

周星飛：有可能。反正交雙祿在遷移，總是「人逢喜事精神爽」，在外面走路都有風的。老公爽、感情上爽、小孩的事爽。

交雙祿之後，馬上以甲太陽忌入命宮，逢命宮庚太陽自化祿，逢父母宮辛太陽權來會，可能還是會因為長輩的壓力而去結婚的。但是，忌也很多破在福財線上的。真的不把錢當錢看。還有福德田宅交忌，一定是有敗家的，或是虧大錢的時候，或是財守不住的時候，當然也會造成婚姻往後延的原因之一。

結婚的時間點的研究

1、交祿：父母、田宅、夫妻交祿

2、交祿權：父母、田宅、夫妻交祿權

3、交祿忌：父母、田宅、夫妻交祿忌

一、命例1：父親催婚生小孩，2009年結婚，大限命宮在夫妻，流年命宮在兄弟。

周星飛：本來就會結婚的。命、夫妻祿入子女，是你們兩個有共同的意見和想法，就是為了小孩。父母、兄弟的權來會，父母也

↖權 ↖祿 權↗

巨門 祿（圈） 癸巳 田宅宮	廉貞 天相 甲午 官祿宮	天梁 乙未 交友宮	七殺 丙申 遷移宮
貪狼 壬辰 福德宮	辛酉年 男命 2009年結婚 流年命在兄弟 大限命在夫妻		天同 忌 丁酉 疾厄宮
太陰 科 辛卯 父母宮			武曲 權 戊戌 財帛宮
紫微 天府 庚寅 3-12 命宮	天機 左輔 右弼 文昌 文曲 科（圈） 忌（圈） 辛丑 13-22 兄弟宮	破軍 庚子 23-32 夫妻宮	太陽 權（圈） 祿 己亥 33-42 子女宮

權↗

↙↙科忌

是積極催你們生小孩。

學生乙：那年主要是我爸特別積極，一定要我們結婚了。我媽也是積極的，但是我爸表現得最積極，都是他在催。

周星飛：命理就是這樣子的，象義都寫在命盤上面的。子女宮得祿權之後，轉忌文曲忌入兄弟，又逢生年辛文曲科，就會有三年計畫，或是三個月計畫，弄一個結婚三部曲。比如說，先訂婚，三年後再結婚之類的。

學生乙：嗯，是的。

周星飛：然後，你自己兄弟宮自化忌，就覺得不用那麼急吧！還好吧！態度就沒那麼堅定。最後可能就隨便了，無所謂了。

學生乙：對，不是很想結婚，包括我和我老婆都不是很想那麼結婚，但是我爸催的急。就沒有辦法，只好結婚了。

二、命例2：有錢漂亮的女命，2018年結婚要生小孩、感情觀有點問題。

學生丁：我想問問，如果看懷孕，看子女宮，還參照什麼宮呀？我看到流年子女己武

曲祿入子女，子女太陰科入流年子女，這樣是不是機率很大了。

周星飛：懷孕以子女為主。你說的流年子女這個理論會有點問題。一定要從本命盤子女宮去飛化。命盤上，夫妻己武曲祿入子女，轉戊天機忌入命，逢遷移乙天機祿來會。夫妻跟遷移交祿，感情有福了，夫妻（流年子女）、命宮是大限子女，都相應了。一定要先從本命盤去解釋。比如說：財帛祿入子女，跟夫妻祿入子女，本身的象義就差很多，一樣都是相應子女，但是財帛的祿入子女，用來解釋懷孕這件事，有點生硬，花錢有小孩？好像怪怪的。

學生丁：做試管。

周星飛：夫妻祿入子女，來解釋懷孕可能好解釋一點。那農曆四月（踏本命的子女宮）。天機的交祿在命，照遷移（流月子女），所以，這個月懷孕也可以的。不過有個問題也要考慮，子女也是戊天機忌入命，財帛也是丁巨門忌入命，小孩跟錢產生壓力，還有夫妻也己文曲忌入遷移，這個感情的EQ低，有問題。所以，也不一定能生小孩的。緣份破得重。可能懷孕也是個麻煩的事。

學生丁：命主今年才結婚。感情觀念有問題。

周星飛：搞不好也可能會有「父不詳」的意味。結婚的飛化：父母宮（大限夫妻、流年命宮）壬武曲忌入子女，長輩叫妳生小孩了，找個夫妻（流年子女）己武曲祿來會，感覺好像來「配種」的意味。

學生丁：有點。

周星飛：所以，也可能有什麼長輩的壓力而結婚的，或是要給長輩抱孫子。還有這個家境也不錯啊！

學生丁：對啊！公務員。家裡幫她買房加上買車。36歲了，模樣還和少女一樣。

周星飛：這個廉貞多祿，也是身材好。田宅癸破軍祿入疾厄，福德甲破軍權入疾厄，逢生年癸破軍祿，轉丙廉貞忌入交友，逢交友甲廉貞自化祿，田宅也甲廉貞祿來會，這個就是有錢，跟身材好的飛化。她來問你什嗎？能生？不能生？

學生丁：生孩子。還想生兒子。

周星飛：能生兒子的飛化，又不一樣了。父母壬天梁祿入福德，轉癸貪狼忌入兄弟，逢子女戊貪狼祿來會，父母跟子女交祿了。長輩跟小孩有緣，也有傳宗接代、跟三代同堂的意味。不過阻礙還是在兄弟宮那個貪狼生年忌，有二祿也有二忌，所以，可能要農曆六月，過了兄弟宮之後，才可能有機會生兒子。所以，你剛才的飛化也行，我說的飛化也行。都是可能懷孕生小孩的意味。

學生丁：明白。原來父母和子女的交祿，也是看傳宗接代、三代同堂的意味。

周星飛：我的父母跟我的小孩有緣。長輩想要得孫子，就會有孫子，長輩要孫女，就會有孫女，就看長輩的想法。

學生丁：明白了、原來還有這樣。這個也是用風水調一下吧！

周星飛：沒看到田宅的祿權科，所以，應該不用風水的，或是風水用處不大。但是，試試這樣子處理陽宅風水：生年癸貪狼忌在「申」，比如說：房子的這個方位上，種個小樹、綠植就好了，甲木貪狼，有樹木的含意。祿是活的，忌是死的、沒有陽氣，祿權科都有陽氣。樹木沒有陽氣就死了變枯木。所以，擺個活木去吸收忌的氣。但是，也要注意忌的氣吸多了，祿也會枯掉的，所以，買兩盆小樹輪流換，一星期換一次。

學生丁：能理解。輪換放。那我的廉貞忌，廉貞是丁火，這個位置還落在衛生間。

周星飛：可能還有痔瘡，廉貞忌、丁火，暗火氣。

學生丁：確實。

三、命例3：2018年父母強迫相親。

周星飛：父母（大限田宅）戊天機忌入田宅，這個就說，長輩看著你的田宅，關注你的家庭，也比較現實，叫你為了家裡要努力。

學生甲：意思是要我出去買房？

周星飛：逢夫妻乙天機祿來會，買房跟結婚都可能。忌能抓到祿，狗咬肉包子，忌就是狗，咬到祿就不鬆口，能想像？

學生甲：就是到嘴的肉，吃定了。

周星飛：所以，今年可能就逼婚的情況會多一點。而且，父母宮有生年太陽權，你父母也有強勢的個性的。

學生甲：對的，今年比往年逼婚的都厲

害。

周星飛：夫妻宮乙天機祿入田宅，轉庚天同忌入兄弟（流年夫妻），這個夫妻也相應了，所以，看起來很接近於「婚姻」的情況了。即使沒有婚姻，夫妻祿入兄弟，也是會睡一起的，明白？

學生甲：哦，要同居了？

周星飛：是的，逼你去洞房的。

學生甲：他們現在逼著我跟我主管的女兒見面，我沒興趣啊！

周星飛：最晚也是10月，農曆10月踏田宅，那父母就是「流月夫妻」，會相應剛才的本命夫妻的祿，這個手法你抄一抄，自己體會看看。

學生甲：好，我慢慢理解一下，這麼慘嗎？我還想婚姻可以自然一點的。

周星飛：父母忌入田宅。大概你的父母很喜歡家庭的感覺跟穩定感，他一定跟你說，人生在世，就是家庭要穩定，沒娶沒嫁就是家庭不穩定。

學生甲：我看我爸媽經常吵架，就想婚姻不可兒戲。所以，一定找個品德兼備的女人

四、命例4：親戚介紹而成的結婚跟立刻就懷孕生小孩。

學生丁：相親介紹的。我當護士，他姨丈是患者，介紹了我倆。老公屬兔，本地的。2014年5月8號結的，農曆甲午年、己巳月、己卯日。2013年12月18日見面。2014年3月領證，5月婚禮。要不是他家找人算八字看日子，我們真的三個月結婚婚禮都辦了。現在已經懷孕4個月出頭，子女在先，計畫準備結婚生馬寶寶。

周星飛：1、結婚的時間點：夫妻癸破軍祿入交友，逢父母甲破軍權來會（長輩支持、強迫

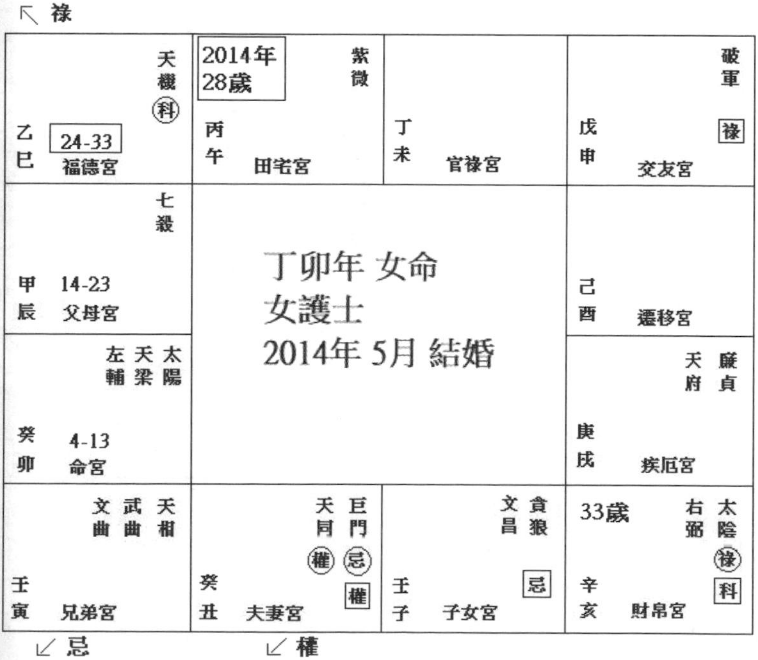

壓力、公證結婚之象），再轉戊天機忌入福德，逢生年丁天機科（有三個月）的時間，逢福德乙天機自化祿（345個月的數字）。所以，容易有3到5個月的結婚伸縮期。農曆4月踏交友宮，父母是流年夫妻宮。

2、子女可能一月懷孕。子女以壬天梁祿入命，福德（流年一月）乙太天梁權來會，是積極之象。再轉癸貪狼忌入子女，逢交友（流年田宅、老公的身體）戊貪狼祿來會。遷移己貪狼權來會，照田宅。今年懷孕之象。

五、命例5：2019年家裡催婚緊、要傳宗接代。

路人甲：老師能看一下婚姻嗎？家裡催，也不小了。

周星飛：反正有人就娶了吧！基本上父母說什麼就什麼。

路人甲：這麼隨意？

周星飛：不然，你自己主動看看？

路人甲：家裡介紹的，都對不上。這麼說，我最好遵從父母之命。

周星飛：遷移跟夫妻交祿。異性緣也很好的。但是，一堆忌也在「子女、夫妻」，小孩緣、夫妻緣也不是那麼「穩定」。那結婚的飛化是：田宅癸貪狼忌入子女，抓夫妻（19年流年子女）戊貪狼祿入子女，兄弟宮（媽媽的宮位、19年流年夫妻）己貪狼權來推動，反正就是找女的來生小孩而已。

路人甲：哈哈哈，我媽確實有這個意思。

周星飛：所以，你也不用去思考什麼的。不過，這麼多忌入夫妻，你的「另一半」壓力很大，你老婆總有一天壓力大到受不了就會產生問題的。

↖ ↖ 祿科

天府 乙巳 疾厄宮	天同 太陰 文昌 忌 科 丙午 財帛宮	武曲 貪狼 忌 權 丁未 子女宮	太陽 巨門 文曲 祿 戊申 夫妻宮
左輔 科 甲辰 遷移宮	壬申年 男命 2019年家裡催婚緊 要結婚生小孩		天相 己酉 兄弟宮
祿 ↙ 破軍 廉貞 癸卯 交友宮			天梁 天機 右弼 祿 庚戌 4-13 命宮
壬寅 官祿宮	癸丑 田宅宮	壬子 24-33 福德宮	28歲 紫微 七殺 權 辛亥 14-23 父母宮

結婚的種類：有沒有證書，擺不擺婚宴，公證結婚或私奔的感情，嫁本地人或外地人，婚後在本地或是外地入贅，另一半漂亮不漂亮，妻管嚴的命理。

一、有沒有證書：

1、有證書：跟父母宮的祿權科有關。如果夫妻跟父母宮交祿權科，就容易有證書的。

2、沒證書：跟父母宮有關。如果夫妻跟父母交忌，容易沒拿證書，或是拿不了證書。

國家不給登記。私奔型的婚姻、入贅。

學生庚：我最近遇到一個夫妻忌入父母的，結果嫁了澳洲去了，人家也沒有地下情。

學生辛：這要逢多忌。如果串到巨門忌，就容易當三兒啦。

學生壬：夫妻忌入父母，配偶和父親是溝通不來得，不一定是地下情。

學生庚：就是男方沒戶籍，戶籍不在一起，戶籍的問題。

學生辛：父母忌。不被中國政府認可嘛，容易不被父母看好，父母，代表自己父母，還有政府。

學生王：夫妻忌入父母，容易招戶籍不在一起？

學生庚：移民的。

周星飛：所以，你們說了那麼多的解釋，都是夫妻忌入父母的解釋。如果，沒有掌握大方向，很容易被命主的答案翻了，被考倒了。明明就是政府不給登記了，也一樣婚姻不成立的。如果真要打什麼離婚官司也是穩輸的。而且夫妻忌入父母，如果國家不給登記，那有兩個解釋：

1、事前明明就知道，硬要結婚，不用腦子結婚，太直率的婚姻。或是傻傻的去結婚。

2、國家政策改變，那時候可以，現在不行。結果還是一樣的，就是登記不了的，沒有婚姻證書。這個女命是夫妻忌入父母，然後福德田宅遷移交友化忌入父母疾厄線，跟夫妻宮交忌，只怕登記不了，時間到了還可能被分開了。所以，即使不是地下情，也會感情阻礙問題大。

二、擺不擺婚宴：

1、不擺婚宴，低調結婚：夫妻宮跟父母宮、交友宮、遷移宮交忌，就容易「安安靜靜的結婚」，或是「裸婚」。或是父母都不給祝福的，反對的婚姻。私奔私定終身。

2、大擺婚宴，高調結婚：所謂的大擺，是講排場的，一定是那種一百桌以上的，或是相對一般人多很多的桌數，或是貴很多很多的。

(1)、夫妻祿入父母、遷移，逢生年權，自化權或是田宅的權來會。

(2)、夫妻權入父母，遷移，逢生年祿，自化祿，田宅的祿來會。

(3)、祿入父母，都有愛面子、臉上貼金之象。

(4)、權入父母，都有佔上風、愛逞強，展威風、講排場之象。

三、公證或私奔：

1、公證結婚：夫妻的祿，逢到父母的權忌，就容易公證結婚。

2、私奔感情：夫妻跟父母、遷移交忌。就容易私奔。非理智、非一般世俗的行為，想法。

四、嫁本地人或外地人：

這個題目意義不大，因為現在交通方便，認識外地的機會是更多了，嫁給外地的機會也會更多。如果再放遠一點：嫁給外國人，可能就比較有意義的討論了。

1、嫁給外國人：夫妻宮四化入遷移、父母，或是夫妻宮跟遷移宮、父母宮交祿，就容易嫁很遠。最好還串聯「破軍」，就更容易有「海外」的婚姻。

2、嫁不遠：婚後在本地的：生年忌、命忌、福德忌入田宅，對於「老家」是責任感，也希望有安全感的。新家不如老家好，比較容易嫁不遠，愈近愈好。

五、婚後是住在自己的本地，還是到對象的家：

1、婚後在本地的：生年忌、命忌、福德忌入田宅，這種比較容易婚後在命主自己的本地，而不是對象的老家。

2、如果，婚後在對象的老家，

(1)、通常是夫妻權忌入田宅，就比較容易因為配偶的關係，而住在配偶的家裡。

(2)、生年權忌入夫妻，容易因為另一半的關係，而住在另一半選擇的地方。未必一定是對方的家裡。

3、夫妻四化入遷移，或是夫妻跟父母遷移交祿，也是可以嫁比較遠的，當然也是容易婚後到外地去住了。

六、另一半長相漂亮不漂亮：

1、兄弟宮是另一半的父母宮，官祿宮是另一半的遷移宮，只要兄弟宮、官祿宮，見祿權科，都可能另一半比較漂亮、帥氣的、有能力比較能外顯。

提供大家一個簡單的概念：有個男命，兄弟宮有天同生年權天梁命科，官祿宮坐紫微加破軍自化祿。他的對象是美國ABC的華人美女，在國外長大，牙醫師的工作。並不一定是洋妞。但是跟破軍（海外）也相關的。今年2019年生了小孩了，大家可以找一下飛化。

廉貞 貪狼 權 乙巳 財帛宮	巨門 忌 丙午 子女宮	天相 丁未 25-34 夫妻宮	天同 權 天梁 科 戊申 15-24 兄弟宮
太陰 祿 右弼 甲辰 疾厄宮	丁卯年 男命 老婆美國華人 漂亮牙齒師		武曲 七殺 己酉 5-14 命宮
天府 文曲 忌 癸卯 遷移宮			太陽 左輔 庚戌 父母宮
壬寅 交友宮	紫微 破軍 癸丑 官祿宮	天機 科 壬子 田宅宮	文昌 33歲 辛亥 福德宮

祿↗ 祿↘ 忌↘

↙祿

七、妻管嚴、夫管嚴的命理：

1、生年權忌在夫妻，容易被另一半管。

2、夫妻權忌入命、遷移、福德、疾厄，也是容易被另一半折磨。

3、命福德權忌入夫妻，是命主喜歡管另一半。

4、遷移權忌入夫妻，要管另一半，又容易不得要領。

對象的年紀大小怎麼看

一、夫妻年紀大小的判斷原則：

1、年紀大的對象：夫妻宮、官祿宮裡面有任何星曜化生年權忌，巨門權忌、太陽權忌之類，年紀差距偏大或是差距多一點。特例是：天梁祿權，也會偏大。

2、年紀小的對象：夫妻宮、官祿宮裡面有任何星曜化生年祿科，太陰祿科、貪狼祿科，任何星曜化祿科，也都會年紀偏小一點。

3、大小通吃：廉貞祿忌。

二、年紀大小、長相年輕老成：

1、女大於男：只要男小於女，小一天也算的。

2、男大於女：0歲到3歲，這個是正常的。

3、男大於女超過5歲以上，才叫年紀大。生年忌串聯夫妻。或是天梁祿串聯夫妻。

很容易差至少5歲。

4、夫妻忌轉忌跟生年忌交忌的，都可能背景條件差別大的。年紀的差別只是其中一個條件，也許女孩因為窮為了錢，嫁給有錢人。或是千金小姐嫁給窮小子。反正，生年忌串聯上夫妻宮，如果多幾個宮位來交忌，就是一句話：背景條件差別大：年紀、背景、長相、身高體重，就不像是「門當戶對」的。

5、除了年紀大小的區分。「長相」顯像也是一個解釋的方式，比如說年紀小，長相是讓人看起來年紀大的。或是年紀大，長相看起來年紀小的，也都是符合。

三、命例1：老婆大8歲，有婚外情，扮豬吃母老虎。2016年命例。

學生甲：老師，我發現身邊的男性，如果父母與夫妻交巨門忌、太陽忌，就特別容易找比自己年齡大不少的女朋友或老婆，少的大8、9歲，多的跟自己母親同一個年齡。是這樣嗎？目前碰到幾例。而且太陽生年權，巨門生年祿。

周星飛：夫妻跟父母交忌，父母也是「長輩」，另一半跟長輩交忌打架了，必然有什麼讓父母不高興的感情事。但是，夫妻也甲廉貞祿破軍權入父母，也是會高攀之象，再丁巨門忌入遷移，又逢生年辛巨門祿，交友辛巨門祿，這個也容易當「駙馬爺」。命丙廉貞忌入父母，也容易個性急，或是平常都看起來「呆呆的」，也很有「扮豬吃母老虎」之象。逢到夫妻的甲廉貞祿來會，有「雙婚之象」。

學生甲：老婆大8歲。命主有婚外情。

周老師：祿忌成雙，這個應該不只一個婚外情的，夫妻跟交友，也交祿在遷移，所以這種應該長相有酷帥的一面。主要還是父母跟夫妻交忌，就容易有些奇怪的感情觀，至於是喜歡大？或是吃幼齒？因為這個人串聯廉貞祿忌，所以應該也有大小通吃的個性。所以搞不好老婆大8歲，外面的小8歲，大小通吃。因為夫妻祿入父母，轉忌入遷移，又逢生年祿，這種保證絕對的高攀，娶了老婆就飛黃騰達，像今年也是一樣，一定會得益於夫妻的祿，再轉丁巨門忌入遷移，逢生年辛巨門祿。對老婆來說是命宮祿入父母轉忌入遷移，讓遷移父母都見祿而且見廉貞祿巨門祿，很可能是演藝人員，或

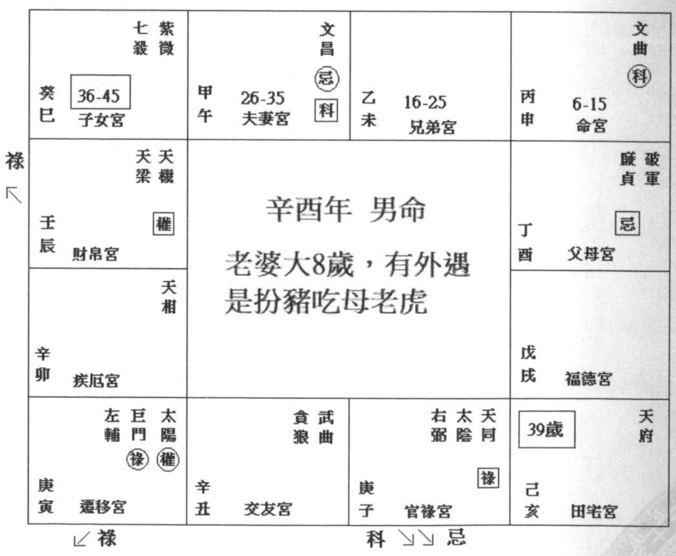

是保養得當不顯老。夫妻跟父母遷移交多祿，串聯廉貞祿太陰祿貪狼祿之類的，太陰祿不顯老，廉貞祿身材好，貪狼祿有氣質，重點在於這種飛化組合一定是很特別的，這種好條件的人很少數。

學生乙：老師，不老在家族裡也有體現嗎？我媽媽和舅舅就不老。舅媽也不老幾十年不變樣。但是沒有血緣關係啦！

周星飛：那大概是田宅遷移疾厄串聯太陰祿廉貞祿貪狼祿的。桃花星見祿串聯田宅，所以整個家族的人都會受益的。

四、命例2：老婆大8歲的命盤。性慾強大。

周星飛：1、命夫妻都戊天機忌入官祿，再轉壬武曲忌入父母，這種叫雙忌出的飛化(忌入對宮，忌入父母遷移，

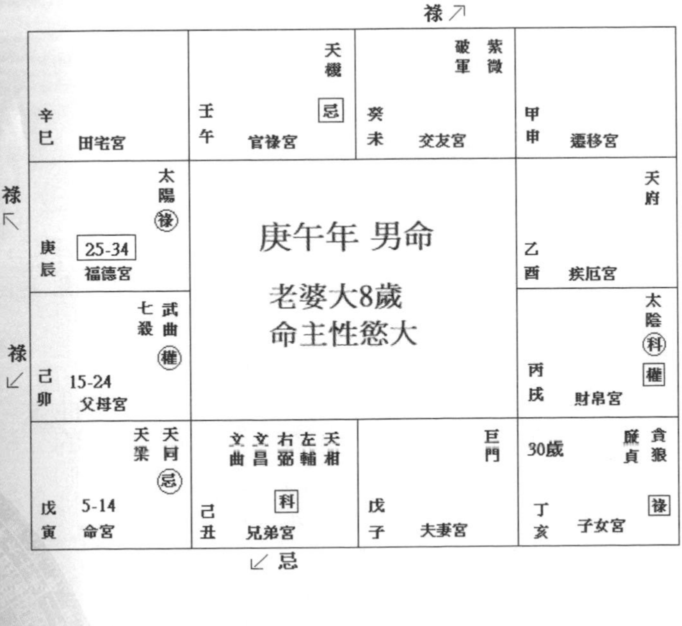

都叫忌出）。也很容易感情上像走馬看花一樣，玩玩就丟了。

2、夫妻忌入父母至少二忌以上，還串聯生年庚天同忌。一定也有感情上扭曲的個性。（忌入父母遷移多忌，理智線有問題），所以，老婆大8歲。

3、命夫妻戊貪狼祿入子女，加上遷移甲廉貞祿入子女，再轉丁巨門忌入夫妻，此種就會有一種肉慾型的桃花，逢田宅辛巨門祿來會，這種保證也是種馬，子女的祿串聯田宅，當然性能力也是強，這種如果在古代，保證子緣很多，幾十個小孩都可能的，所以子緣厚。

4、但是，明年2017年就會有感情上的麻煩的。因為夫妻忌出官祿。命忌入官祿沖夫妻，再轉壬武曲忌入父母，沖疾厄是明年2017年流年命宮，又逢武曲生年權，就可能會有什麼感情的「二忌的事」浮上檯面。像夫妻忌入父母，也可能感情不喜歡高調或是感情比較笨，婚外情、感情是非、官非，很多的可能性。

五、命例3：吃小鮮肉，女命找個小13歲的男生。

學生甲：我朋友的同學，她本身家境不錯，一般情況下不會找年紀大的，卻找個小13歲，當時都雷到我，所以驚駭世俗。

可能是貧窮限制了我的想像吧。但是，我猜的是小鮮肉。

天機 左輔 丁巳 5-14 命宮	紫微 戊午 15-24 父母宮	己未 25-34 福德宮	破軍 (祿) 庚申 35-44 田宅宮
七殺 丙辰 兄弟宮	癸亥年 女命 找小13歲的小鮮肉		右弼 辛酉 官祿宮
天梁 太陽 乙卯 夫妻宮			天府 廉貞 壬戌 交友宮
天相 武曲 文曲 甲寅 子女宮	巨門 (權) 天同 權 忌 乙丑 財帛宮	貪狼 (忌) 文昌 甲子 疾厄宮	37歲 太陰 (科) 祿 癸亥 遷移宮

科↖（命宮）　權↙（夫妻宮）　科↙（子女宮）　科↘（遷移宮）

夫妻忌入遷移，再轉癸貪狼忌入疾厄的關係，又逢生年癸貪狼忌。沒想倍數怎麼算的。

周星飛：這個就靠猜了，夫妻忌入遷移，轉忌入疾厄，又逢生年忌，所以，感情上離經叛道、不理會世俗之見，逆著社會的規範，跟一般的人想的不一樣的、很怪異都是合理的解釋。如果這個女命，交到一個年紀很大的老頭，這個也可能。權是2、7數，所以，自化權是123或是678數都可能，馬後炮的猜法。

學生甲：還問我相差多大，我猜的是6、7歲，結果是13歲。天梁在夫妻，容易老少配，我當時說應該有個小男生吧！不過一般女生，都把持不住男生的轟炸，我看今年說不好就懷孕。

周星飛：天梁入夫妻加自化權，除了夫妻年紀有大差異，或是年紀小，但是長相很穩重。先把大方向看對是最重要的。小細節再猜對，大小都猜中就是神仙了。

六、命例4：女護士有老公跟情人，老公大17歲，沒小孩。

學生甲：看看她的婚姻或感情吧！嫁的老公大自己17歲，比她爸小不了幾歲，她是護士，嫁了科主任。

學生乙：以盤看父母壬天梁祿入事業逢生年祿，夫妻己天梁科來會，緣份屬藕斷絲連或三顧茅蘆那種，兩邊家裡可能說你們結吧！但另一半會以工作為由說不急等一下。天梁就易老少配。

交祿在事業宮也易同事，父母壬天梁祿逢生年祿當然潛意識就喜老牛，生年武曲忌在田宅，可理解為家裡經濟壓力大，但難免易出經濟狀況的，生活可能有些不盡人意，夫妻祿入田宅，老公來救。

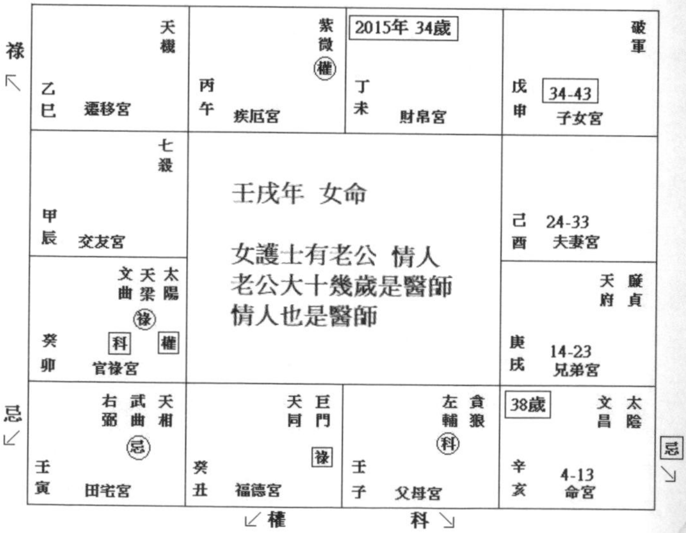

學生甲：結婚2、3年就有外遇怎麼看？保持好多年了。就老公不知道也可能假裝不知道，她親戚朋友都知道。她跟老公幾乎沒有性生活，都是跟外面這個男人了。她老公沒事了，都是跟她爸喝酒，還有她的情人也是同一個單位的，她的情人也找了另一個情人也是本單位的。大家心知肚明。她老公和情人現在都是醫院的主任，老公大她17，情人大她6歲，情人原先是她老公的下屬

學生乙：估計是假裝不知道吧！子女戊貪狼祿入父母，小3怎能藏住？畢竟是祿，存在某種善意。情緒三方兩方都化桃花星忌，就是執著，尤以疾厄化廉貞忌，欲罷不能，逢交友甲廉貞祿。肉慾桃花。福德癸貪狼忌入父母，挑剔執著，也易沒理智，子女戊貪狼祿來會，紙包不住火。交祿在事業、父母，存在某種善意，為工作？為面子？不捅破。社會壓力大，這門婚事本就衝著工作去的，上個大限，事業癸巨門權入福德，是衝著工作去的。

學生甲：她老公是腦外主任挺厲害的，她是護士就負責西醫、打針之類的。

學生乙：而本限，父母壬天梁祿入事業，給了個高大上的工作，轉癸貪狼忌入父母，估計也得個長還不錯吧！情緒三方化桃花星忌，都有對桃花執著的一面，逢生年科也是一種不易剪斷的婚姻，小3也是不易剪斷的小3。

周星飛：貪狼祿好多，也是才華橫溢，長得氣質出眾。這種人來修行，保證修得人上

人而且長壽。

學生甲：她老公結婚多年沒孩子，離婚後跟她結婚，雖然試了多種偏方也要不上，她老公離婚後據說媳婦嫁給別人也有孩子了。

周星飛：子女，有三個忌出，忌入遷移，第一忌出，轉乙太陰忌入命，是第二忌出，命宮辛文昌自化忌，是第三忌出。所以，小孩緣有損。還有田宅的生年忌，沖子女也是影響子女緣。命辛文曲科入官祿，夫妻己文曲忌入官祿，這個也是感情糾纏不清之象。

七、命例 5：命主跟老婆背景、長相條件差異大。

命主「真一」是 2019 年香港命理比賽第一名。

真一：我老婆比我大。但是顯得特別年輕，我老婆家原來是大地主。我們家八輩貧民。我從認識到結婚三個月。

周星飛：那可能是對宮的影響，官祿有太陰生年祿、天同權，是另一半的遷移宮。所以，可能外在顯年輕。夫妻宮的忌轉忌，逢生年忌，一定有背景條件差別大的，那如果你很帥，老婆可能就很醜；如果你很醜，老婆就很美。或者你瘦她胖，你家窮她家富，也是差異大的。所以，天地配合有一定的規律的。

真一：我和我老婆差異。最大的就是外貌。我女兒上小學了。出去還有人給她介紹對象。以為她還很小。

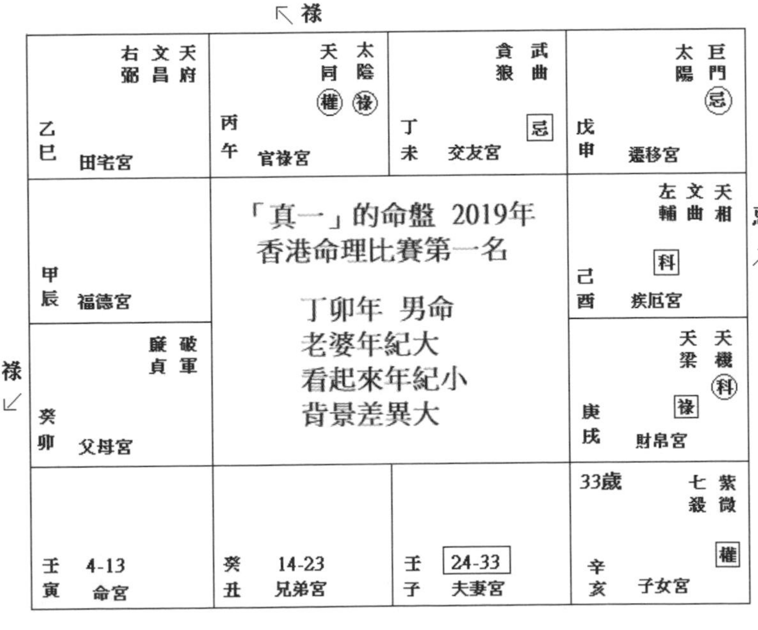

閃婚、閃在一起

1、通常會跟夫妻忌入父母、遷移有關：這種感情就很直率，是就是、不是就不是。愛情是很簡單的事情。只要喜歡，沒有什麼不可以的。

2、自己想閃婚：福德的忌加夫妻的祿就容易閃婚。因為忌就是餓狗，抓到祿就會狠狠的咬。抓到機會就上。

3、別人想閃婚：夫妻的忌逢到福德宮的祿來會，容易被對方「閃婚」。對方的忌咬到你的祿就會狠狠的咬。抓到機會就上。

4、福德忌或是命忌入父母、遷移是急躁、直率的個性。如果逢到夫妻的同星的祿來會，就可能會閃婚。

5、福德權或是命權入父母、遷移也是急躁，還帶上「霸氣」的個性，如果逢到夫妻的同星的祿來會，就可能會閃婚。

6、遷移祿入夫妻、遷移夫妻交祿，容易「閃電結婚」(遷移的祿會有意外的機會)，夫妻祿入遷移是你的另一半容易令人羨慕的。夫妻跟遷移的交祿的特點：情緣多而且廣泛、不缺異性緣，永遠有備胎的。容易會快速結婚，容易有遠方的老公、老婆。

7、遷移忌入夫妻、夫妻遷移父母交忌，容易「閃電結婚」，會有犯傻的意外、驚嚇的機會，有桃花劫。或是完全沒桃花、不想理桃花。

一、命例1：女命閃婚，人財兩得。

學生甲：遷移和夫妻交祿可能會閃婚，再加上夫妻祿入的宮位逢到了命忌或福德忌，應該就是命主主動吧？

周星飛：閃婚有「主動」跟「被動」之分。

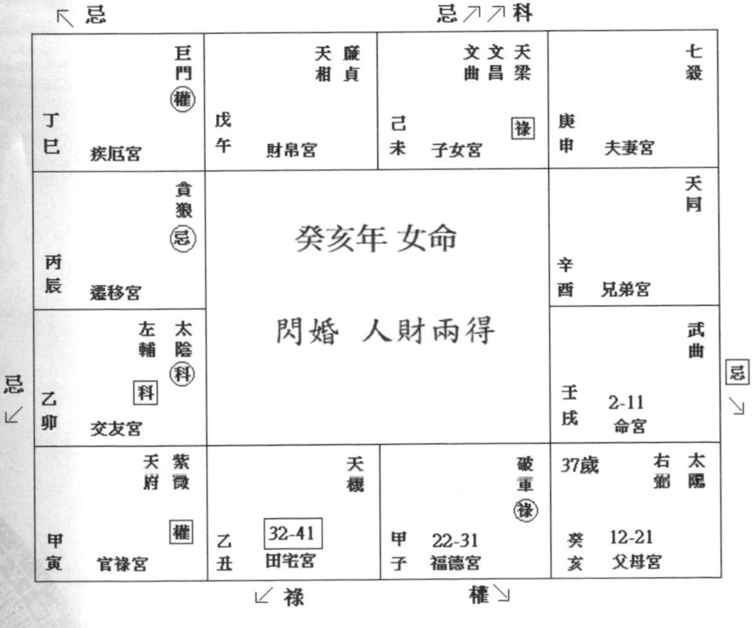

像上面的命盤，福德甲太陽忌入父母，轉癸貪狼忌入遷移，命主個性直、急躁，逢夫妻庚太陽祿來會，就快速在一起、閃婚的傾向。逢財帛戊貪狼祿入遷移，有錢就賺。忌逢祿，忌像餓狗一樣，有什麼「祿」的包子就咬什麼。所以，福德的忌咬到夫妻祿、財帛的祿，代表人財兩得之象。如果是，命甲太陽忌入父母，逢夫妻庚太陽祿。也是容易「閃婚的意味」。或是命甲太陽忌入遷移，逢夫妻庚太陽祿，也是有閃婚的樣子。只是福德的忌會偏激，比較厲害會更瘋狂啊！

學生甲：不過，老師我是命丙廉貞忌入遷移，逢夫妻甲廉貞祿入遷移，我沒有閃婚呢！

周星飛：妳是命丙廉貞忌入遷移，是一個「傻傻」女人，妳的對象說：結婚就結婚了。但是借盤看，妳的另一半是「福德丙廉貞忌入遷移」，他可是急得不得了的，但是廉貞忌在感情上呆呆的，急出病也想不到辦法。

學生甲：真是這樣的。

二、命例2：學生丙的嫂子的盤，閃婚。2015年命例。

學生丙：我嫂子剛好就是那個飛化，跟我哥閃婚。前後一個月就結婚了。

周星飛：所以，你嫂子抓到祿了？

學生丙：抓到祿了，給師父看一下她的盤。

周星飛：辛苦你哥哥這個小鮮肉了。祿（鹿）肉。不過，借盤看：哥哥的遷移（官祿）以丙廉貞忌入遷移，又逢生年丙廉貞忌，如果不是老實人就是亂來得人，再轉戊天機忌入父母，不是孝順的人就可能會近於流氓的人。（遷移父母多忌、智力不高，反社會人格）

學生丙：是的，對感情不忠貞。孝順程度一般般。

周星飛：你這嫂子也是強悍之人啊！福德有紫微命權。

學生丙：嗯，在家很強的。

周星飛：生年丙廉貞忌入遷移，再轉戊天機忌入父母，遷移父母都見忌，也是容易直率、無理智之人，大腦的容量也是跟老鼠差不多的。其他的空間都是裝漿糊的。還有福德甲太陽忌入兄弟，逢夫妻庚太陽祿來會，

天機 (權) 癸巳 父母宮	紫微 [權] 甲午 福德宮	[2015年 30歲] 乙未 田宅宮	破軍 丙申 官祿宮
七殺 壬辰 2-11 命宮	丙寅年 女命 學生的嫂子閃婚 哥哥品格能力有問題		丁酉 交友宮
太陽 天梁 文昌 (科) [祿] 辛卯 12-21 兄弟宮 忌↙ ↙權			廉貞 (忌) 天府 戊戌 遷移宮
天相 武曲 [忌] 庚寅 [22-31] 夫妻宮 權↙	巨門 天同 (祿) 左輔 右弼 [科] 辛丑 子女宮 ↙祿	貪狼 庚子 財帛宮	太陰 文曲 己亥 疾厄宮 忌↘

是閃婚的飛化。兄弟也是辛太陽自化權，兄弟辛文昌自化忌，嫂子也是好像「5分鐘熱度」。如果真的不結就會算了。權忌相爭，就會快刀斬亂麻的。所以，表示可能 當初要結的時候，有反覆之象。下不了決定，或是說不結就算了。

學生丙：我嫂子那邊我不知道，我哥狀態就是反反覆覆。畢竟才一個月，雙方父母都想著馬上結婚。反正，結婚頭一兩年我嫂子應該挺後悔的。相親的，不結的話肯定就這樣算了。

周星飛：你嫂子田宅的飛化，也是有錢的。田宅乙天機祿入父母，轉癸貪狼忌入財帛，逢遷移戊貪狼祿來會（2015 流年田宅），轉庚天同忌入子女（2015 流年遷移），逢生年丙天同祿。照田宅（2015 年流年命宮），而且，我看就是今年了，交多祿權在子女，照田宅，今年的命宮。

學生丙：對了，好像過年的時候她父母給了他們倆一筆錢。

周星飛：像官祿丙天同祿入子女，就也可能會有合夥的機會。

學生丙：本來今年我哥跟別人合夥，我家不同意，因為我哥想把房子抵押貸款出來做。

周星飛：你哥這個笨蛋，保證不是做生意的料。借盤看，他的遷移父母見廉貞雙忌加上天機雙忌。

學生丙：師父英明。我哥的盤確實不是做生意的料，而且還虧過一次。

周星飛：田宅（夫妻的交友）乙太陰忌入疾厄，你哥遷移父母交友破笨蛋一個，你哥只適合打打屁，不然就是出家修道，遷移、父母見廉貞忌、貪狼忌之類，都可以持戒修道。

學生丙：他才不會乖乖修。

周星飛：桃花星見忌就是不喜桃花，專心修道是不錯的選擇。如果不修行，桃花星見忌就會像「好色的豬哥」，無理智的桃花。

學生丙：唉！正如您所言。

三、命例3：命主迷信而閃婚：

學生甲：分享一個婚姻不好的命盤，對方說現在事業和感情都不好。現在夫妻宮是大限命宮自化忌和廉貞忌，現在感情備受折磨，感情很不順的。這盤典型婚姻不好，命宮辛文昌忌入夫妻宮，沖事業，感情和事業都受了很大的影響。

學生乙：配偶身體也差，有第三者介入吧！交友忌入夫妻廉貞星。

學生甲：聽說最近人際關係不順，朋友背叛了她。

周星飛：福德癸貪狼忌入遷移，再轉丁巨門忌入疾厄，逢夫妻宮辛巨門祿來會。這個就有「閃婚之象」。不過，福德串聯貪狼忌加上巨門忌，可能會去拜狐仙之類的或是學下符來求姻緣。一路忌轉忌入夫妻，又逢生年忌，當然感情不順利、一堆問題。

學生甲：周老師，命主是比較迷信。

四、命例4：女命主動約會吃海鮮、閃婚：2019年的命例。

周星飛：福德庚天同忌入疾厄（流年福德），逢夫妻丙天同祿來會。福德的忌相應了，就是有執著了。因為福德忌入疾厄，城府深，已經看好機會，等待獵物上門，逢到夫妻宮丙天同祿入疾厄。比如說：就約獵物出來玩，出門旅行，就順理成章睡一起了。祿入疾厄就是有玩的意味，那你這樣子跟命主說，命主就會說你真厲害，還知道老司機的想法。命主是不是這樣子心態？

學生甲：命主今年結婚慾望強烈，就好奇被美女閃婚什麼感覺。

周老師：破軍是海鮮，天同是美食，所以，帶去吃海邊、吃美食，保證搞定。

後面的回饋：

學生甲：老師，命主來回饋了！好準。看上了一個上海男生，廉貞祿的。到海邊旅遊吃海鮮。閃婚，福德的化忌抓住夫妻的祿，海邊吃美食，然後啪啪啪。

周星飛：疾厄宮是有玩、旅行的解釋。福德是帶著破軍生年祿，轉庚天同忌入疾厄，就有「特定、常去的地方去玩」。

學生乙：破軍海邊，天同美食？

周星飛：是，所以會常去固定的海邊玩，而且吃固定的美食。

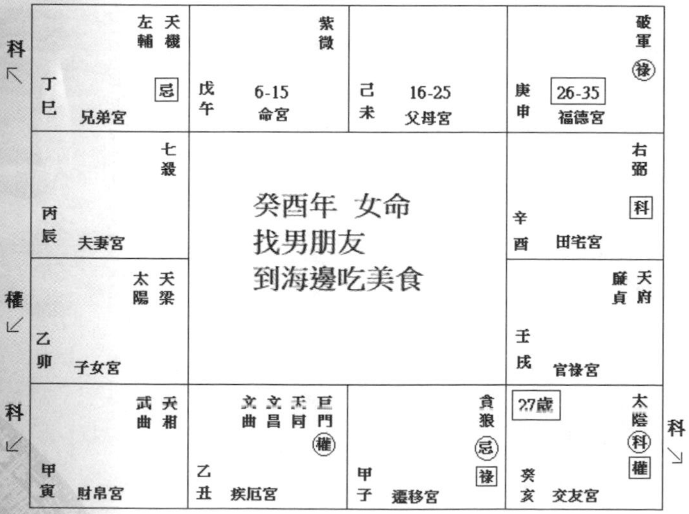

五、命例5：男命閃婚，娶到不錯的對象。2018年命例。

學生丁：閃婚這個真準，我一個朋友一樣，今年2018年農曆五月閃的。

周星飛：福德庚天同忌入遷移 就是個性急，抓到祿就上了。

學生丁：是啊！夫妻祿入遷移，他老婆有錢吧。

周星飛：未必，夫妻祿入遷移只說老婆在外面混得不錯。遷移有祿，社會地位還不錯。至少不會是工廠女工的。

學生丁：老師，再轉忌入疾厄，要怎麼解釋。

周星飛：福德忌入疾厄，有私心的情況。忌入遷移很急躁，轉忌入疾厄，抓到就藏起來了。所以，你這個朋友個性急又自私的，只要有利益先吃到嘴裡，能不能吞就不管。

學生丁：對的，他就是要結婚，有機會就上。

個性太急了，大運夫妻運又不好。

周星飛：轉忌入疾厄，沖父母，也可能不管父母或是對方家裡的意見的，先上再說。不過，逢到父母己武曲祿來會，也吃到父母宮的祿，這個最後還是生米煮成熟飯，會被認同的，而且長輩還會給他很多好處的，也是屬於先斬後奏型的結婚。

六、命例6：大美女記者，2018年閃婚之象。

周星飛：所以，妳不是2018年結婚的嗎？妳也是立馬結的？閃婚不是說認識多久，而是從談婚到結婚很快的。

學生丁：嗯嗯，是的。好突然吧！我們認識時間不太短，有兩年吧！但是一開始都沒在意，以前聯繫不多，直到2018年初突然聯繫起來，然後就跟我表白了，半年結婚的。

忌↗

<table>
<tr><td>太陽
丁巳
兄弟宮</td><td>破軍 (祿)
戊午 6-15
命宮</td><td>天機 文昌 文曲
忌
己未 16-25
父母宮</td><td>紫微 天府
庚申 26-35
福德宮</td></tr>
<tr><td>武曲
丙辰
夫妻宮</td><td colspan="2" rowspan="2">癸亥年 女命
美女記者
2018年閃婚</td><td>太陰 (科) 權
辛酉 36-45
田宅宮</td></tr>
<tr><td>天同 右弼
科
乙卯
子女宮</td><td>貪狼 (忌) 祿
2018年 36歲
壬戌
官祿宮</td></tr>
<tr><td>七殺
甲寅
財帛宮</td><td>天梁
乙丑
疾厄宮</td><td>廉貞 天相
甲子
遷移宮</td><td>巨門 左輔 (權)
癸亥
交友宮</td></tr>
</table>

權↘

↙權　祿↘

七、命例7：感情迷路中，家裡催婚，想閃婚。

周星飛：今年工作是不是變動得很厲害？看起來有點全新發展之象。

學生木：今年工作還好。就是馬上換辦公樓。

周星飛：官祿癸貪狼忌入交友，逢生年癸貪狼忌，沖兄弟，幾個解釋：

1、工作獨立。

2、工作上不喜歡跟人一起，或是跟特定的少數人一起。

3、一換工作，就從頭再來。

學生木：頻繁換工作。好像工作都沒有長久過。

周星飛：兄弟戊貪狼祿，命宮己貪狼權來會，不過每次換工作都要自己爭取的，拿「功勞成就」做為談判變動的籌碼，轉甲太陽忌入財帛，還是要向錢看的。

學生木：好像是這樣的。去年辭職，然後不讓我走，就請假，玩夠了再回來工作的。

周星飛：反正沒錢就乖乖回來上班了。

學生木：感情呢？

周星飛：有相應了，福德（流年夫妻）辛巨門祿入遷移（流年福德）、夫妻（流年遷移）丁巨門忌入遷移，所以今年可能想閃婚了，快點嫁出去了。

學生木：但願吧！嫁人，所以工作就不能繼續了。

周星飛：反正，學生木姊要單身跳樓大拍賣了，誰能喊價就跟誰走啊！群裡的單身男，有沒有要喊價的？甩價拍賣。

學生木：對，一喊就走。想嫁人是一回事，能不能嫁出去又是一回事。哈哈，倒不至於喊價就走。外貌協會。喜歡帥帥的屁股翹翹的。可是這臉不夠嬌柔，不討喜的。老師，我什麼時候嫁？

周星飛：不過學生木姊是一個旺夫得好格局。父母破軍祿是老公的田宅宮、遷移巨門權是老公的財帛宮。所以娶了她，鹹魚變鮮魚，

<table>
<tr><td>天機
丁巳 夫妻宮</td><td>紫微 左輔
戊午 兄弟宮</td><td>己未 6-15 命宮</td><td>破軍(祿) 右弼
庚申 16-25 父母宮</td></tr>
<tr><td>七殺
丙辰 子女宮</td><td colspan="2" rowspan="2">癸酉年 女命
感情迷路中
家裡催婚想閃婚
2019年命例</td><td>辛酉 [26-35] 福德宮</td></tr>
<tr><td>天梁 太陽 [科]
乙卯 財帛宮</td><td>天府 廉貞
壬戌 田宅宮</td></tr>
<tr><td>天相 武曲 [祿]
甲寅 疾厄宮</td><td>巨門(權) 天同 文昌 文曲 [忌]
乙丑 遷移宮</td><td>貪狼(忌) [權]
甲子 交友宮</td><td>[27歲] 太陰(科)
癸亥 官祿宮</td></tr>
</table>

科↖ 權↙ 科↙ 科↘

還是不錯的命格。今年都相應，看能不能甩價賣掉。

學生木：好，爭取嫁。

周星飛：不過遷移的忌太多，對於感情迷路、迷茫，又急，又不知道哪裡找。所以，就慢慢來。

學生木：對對對，怎麼辦？

周星飛：天天在群裡，發徵婚就好了。總會有人看到轉發的。

學生木：是家裡催，然後承受不了壓力，感覺著急上火。陌陌有幾千粉絲，要不去打個廣告。

周星飛：慢慢來。總會有好男人的。有識貨的願意捨身求旺妻的。

學生木：會遇見的都在路上。我這麼優秀，肯定有喜歡的人。

周星飛：父母破軍祿、遷移巨門權。妳這個是當官、中高官、中高管的命格，妳是蠻厲害的人物。可惜就是交友宮有生年忌，不愛競爭或是容易犯小人，或是不接地氣，人生常常要從頭再來就折騰了。

婚姻、感情容易分房、分床、分居兩地

可能發生的飛化組合為：

1、夫妻忌入兄友線多忌，分房、分床、分居兩地。

2、夫妻忌入子女，逢生年忌，沖田宅。

3、福德田宅交忌，家庭的緣份薄。

命例一：2014的命例：學生的姊姊。跟老公分居了。

學生甲：我姊姊的盤就這樣夫妻丁太陰祿，遷移乙太陰忌的，我有這個盤。

周星飛：對你姊姊來說少小限以丁巨門忌

紫微 七殺 己巳 3-12 命宮	2014年 31歲 庚午 父母宮	辛未 福德宮	壬申 田宅宮
天機 天梁 科 戊辰 13-22 兄弟宮 忌↖	甲子年 女命		破軍(權) 廉貞(祿) 癸酉 官祿宮 祿↗
天相 左輔 丁卯 23-32 夫妻宮			甲戌 交友宮
太陽(忌) 巨門 文昌 丙寅 子女宮 科↙	武曲(科) 貪狼 權 祿 丁丑 財帛宮	天同 太陰 文曲 忌 丙子 疾厄宮 祿↘	天府 右弼 36歲 乙亥 遷移宮

入子女，又逢生年甲太陽忌。你姊姊有沒有先天上的心臟病？又看到一個文昌，心臟血管有問題？

學生甲：有先天上的白內障，好像也跟太陽有關吧？

周星飛：是的。太陽是頭、眼、心臟。文昌是斑點、血管。生年甲太陽忌入子女，那你姊姊很有慈悲心？

學生甲：是的，信佛，常放生。

學生戊：老師，被設計感情是什麼飛化的？會一直存在嗎？

周星飛：夫妻辛加上遷移丁巨門忌。或是夫妻丁加上遷移乙，這種都容易感情被騙被設計。感情都被遷移的忌而影響。那當命主有了感情之後，結婚之後。

1、也可能她自己又有其他的追求者。

2、也可能她的另一半，也有其他的追求者

終究把「命主或是命主的另一半」劫走了，那至於誰劈腿，其實都是可能的。還有一種，夫妻的祿加 交友的忌，一樣也是被劫，這種「祿忌」的組合，一定有一方得一方失，叫「祿隨忌走」，狗跑來把肉包子咬走了。

學生庚：遷移就走，是誰呢？果報，劫走夫妻的祿？

周星飛：遷移宮是不特定、不認識的人事物。交友可能是特定的朋友。遷移宮也可能是認識的朋友，比如說住隔壁的小王、小三，只是你不知道他在影響你的感情。

學生甲：師父，跟廉貞、貪狼有關的一技之長會是什麼呢？

周星飛：廉貞，珠寶、電子業。貪狼，專業、山醫命卜相。多忌入子女。也可能教學的。

學生甲：是的，之前一直是老師，電腦老師，現在不做老師了。

周星飛：那就去當「補習班老師吧」！也會很受歡迎的。

1、多忌入子女。還是要跟小輩有關的。沖田宅，也會是不穩定的人生的。

2、財帛丁太陰祿天同權入疾厄宮，轉丙廉貞忌入官祿，又逢生年甲廉貞祿，交友也甲廉貞祿來會，還有破軍祿權，轉癸貪狼忌入財帛，逢兄弟戊貪狼祿來會。偏財星多祿權，串聯官祿、財帛、兄弟，也容易工作薪水分紅多的。做愈多賺愈多的，不然只領固定薪水的哪來的橫發？

3、而且這麼多忌入疾厄，沖父母，想必這個公司的經營也不怎麼樣的。

學生甲：是的。她在小公司只是個普通職員，老師說得很準確的。而且，工作隨時要換的，她的工作從沒幹過超過一年的，一直換來換去的。

周星飛：我看可能遷移是最後的時間點，馬上再以乙太陰忌入疾厄，再沖父母，流年命宮「三忌」，這個公司只怕要收攤了。遷移是農曆9月也快了，所以我會建議開始找什麼其他的工作了。

學生甲：也可能不是公司收攤，她就又換工作了的。

周星飛：是，不然把別人公司弄倒了也不好。還有你姊姊還有點壽不長之象。

學生甲：是的，她身體不好。

周星飛：運動、勞動能消業的，還是要動一動的。還有老公也可能壽不長的。

1、老公的命丁巨門忌入子女，老公的疾厄（交友）甲太陽忌入子女，又看到文昌忌，還是心臟病的外面血管有問題的，或是腦梗中風，或是眼睛的心管有問題。

1、那這個月踏田宅，三忌以上正沖田宅。

2、老公可能也要沖田宅了。

3、交友也要沖田宅了。

所以，有人找合夥千萬不要出錢。

學生甲：這個是應在分居上的，婚姻分開了，而且她目前是二婚。也得要離了。

周星飛：還會有三老公的。

學生甲：她不願意的。主要是子田破，父母也破，所以，哎，像她的盤萬一再婚了，以後不會再離婚了吧？她很害怕的。

周星飛：害怕？問題夫妻丁太陰祿天同權入疾厄，再轉丙廉貞忌入官祿，逢生年甲廉貞祿，交友再甲廉貞祿來會，感情上很有競爭力的。而且串聯廉貞太陰的，也是身材好之象，保證該大的大該小的小。不過，子女宮有生年甲太陽忌了，這個生殖系統也有問題的，夫妻丁巨門忌，福德辛文昌忌的，這麼多忌入子女，生殖系統能順暢？

學生甲：目前來看她已經生了小孩了，男孩。不過頭胎損了。

周星飛：還會宮寒，性冷感的、有腫瘤的，所以婦科問題多多。

學生甲：可是目前沒有腫瘤，不知道以後會不會有，內分泌不好。

周星飛：巨門忌，查不出來得，但是就是會「隱痛」，不信你問，在寅宮，在人的右下腹邊，摸壓一下，一定會隱痛的。

離婚、分手、糾纏的看法

離婚的飛化組合：

1、夫妻跟田宅、父母交忌。

2、夫妻忌跟田宅父母權相鬥爭，夫妻權跟田宅父母忌相鬥爭。

3、夫官線多忌。

4、斷不乾淨，就是科忌的糾纏關係。

一、命例1：女命是假離婚，為了房子打官司。2018年命例。

周星飛：要結婚？或是要買房子？父母甲太陽忌入田宅，父母要你買

科 ↗↗ 忌

天相 己巳 財帛宮	天梁 (科) 庚午 子女宮	廉貞 七殺 文昌 文曲 (忌) 辛未 夫妻宮	壬申 兄弟宮
巨門 [權] 戊辰 疾厄宮	己未年 女命 假離婚 打房產官司		癸酉 4-13 命宮
紫微 貪狼 (權) [忌] 丁卯 遷移宮			天同 [2018 40歲] 甲戌 14-13 父母宮
天機 太陰 左輔 [科] 丙寅 交友宮	天府 丁丑 官祿宮	太陽 右弼 丙子 [34-43] 田宅宮	武曲 (祿) 破軍 [祿] 乙亥 24-33 福德宮

↙ 權

房子，要成家，逢夫妻辛太陽權來會，要成家？或是一起成家？或是要爭搶房子？能理解？

學生戊：結了，現在賣房子。為房子的事打官司。

周星飛：那也是跟房子的事有關，但是父母甲太陽忌入田宅，夫妻辛太陽權入田宅。父母跟夫妻會產生權忌在田宅，當然我不知道是什麼事，但是這個權忌在田宅，就可能產生鬥爭，明白？

學生戊：是的，2013 當年為買房子假離婚。

周星飛：父母跟財帛交忌在夫妻上，透過田宅。父母也是政府、官司或是理智，財帛是「錢」。所以，交忌可能為了錢的事，亂處理。畢竟忌入夫妻，會讓另一半覺得很不高興，沖官祿。也會因為可能打了官司，這個女的就沒工作或不想工作，或是也可能被罰錢。

學生戊：她現在是沒心情工作，為房子的事。

周星飛：忌入夫妻沖官祿，還有這個的工作，也可能本來就是做業務的。接單式或是工作做做停停。那重點來了，打官司會如何？父母跟交友交忌了，這種交忌不會贏。

學生戊：基本上輸了。

周星飛：不過，這個遷移(流年交友)丁太陰祿入交友，轉丙廉貞忌入夫妻，逢父母(大限夫妻流年命)甲廉貞祿來會。相應本命交友，夫妻相應。我看打完官司，就準備要結婚了啊！

學生戊：又重婚？有可能。

周星飛：不知道，畢竟生年文曲忌在夫妻，但是交祿是廉貞祿。但是交忌也在廉貞忌文曲忌，所以，真不知道是新對象還是復婚。還有一個，夫妻宮最後還是自化忌，所以，多忌再自化忌，也許，老公頭腦一轉，就真的放下了，打官司的事情就消失了。

學生戊：老公放下？

周星飛：也許，這個官司打一打，判輸了，事情還是會放下。所以，最後的結果因為是自化忌。吉凶難斷未定論。夫妻宮的忌也很多，比如說：廉貞忌有兩個，田宅交友而來的，那文曲忌有兩個。所以，至少有四個忌在夫妻。所以，這個感情上的問題，也很多的。

學生戊：不過她重婚不太可能，也不會有新的對象。

周星飛：對交祿來說，或是三個祿，遷移、官祿丁太陰祿入交友，轉丙廉貞忌入夫妻，逢父母甲廉貞祿來會，這樣子廉貞也有三祿，也有感情上的喜悅。所以，四忌對三祿，如果會判輸，也是可能農曆7月之後的事，因為6月是一年的一半的時間，那四忌對三祿，所以，好的時間會往後延一點，推至7月是正常的。（不過她重婚不太可能，也不會有新的對象），我覺得你太小看她了，不復婚也會有新對象的。因為遷移、父母也串聯太陰祿、廉貞祿，也是長相好看。遷移丁太陰祿入交友，轉丙廉貞忌入夫妻，逢父母（大限夫妻）甲廉貞祿來會，所以，我猜這個女的可能打完官司之後，馬上會改變造型，交新男友。剛才說的，父母宮有串聯廉貞忌，不愛打扮。但是，父母宮也串聯廉貞祿了，也有花技招展的時候。所以，我覺得應該在7月上下，官司確定之後，她又會變成生龍活虎，去交男朋友了。遷移丁太陰祿入交友，轉丙廉貞忌入夫妻，也可能透過朋友的介紹帶來感情的。

學生戊：明白，我等著看結果。她的情況有點複雜。

周星飛：還有，畢竟有「生年忌」的存在，反正假離婚還是離婚。至少名義上，不存在婚姻了。但是畢竟是假，所以，她自己或是對方都可能再打官司的，所以，才會留個「文曲生年忌」這個尾巴債。只是夫妻自化忌，有時候債主想到又會來吵一吵，想不吵就又忘了。反反覆覆的「吵吵鬧鬧」的。還有串聯文昌文曲有科忌，所以，就是糾纏著，死不了也不給個痛快，然後還「自化忌」，可能半年無事，又來吵三個月，然後再一年沒事，又來吵三個月，所以，說很複雜也不複雜，就是弄不乾淨又切割不掉。

你都提一些好問題，悲歡離合都是人間很正常的事，不要覺得人間很複雜的。說白了都是這些破事，但是研究這些就很有趣啊！瞭解人性瞭解命理，我們就遊戲人間的，也是看著這些人在玩遊戲的。

二、命例2：老公的命盤，老公一婚離了，又再婚了。第二任的老婆問事。2018年命例。

學生乙：今天在給朋友看盤。看了兩個，就是結合那天師父說的看夫妻關係解盤手法。人家說我神準。因為她老覺得她會離婚。因為她老公是二婚，她是一婚。

周星飛：看夫妻、父母、田宅之類的有沒有交忌啊！交忌多了，婚姻就薄一點，能理解？

學生乙：夫官線沒有化忌的星耀。夫妻和疾厄交友交忌。夫妻忌入父母逢文曲命忌。容易沒有名份嗎？

周星飛：夫妻忌入父母，或是容易得罪長輩。

學生乙：嗯，這個是有的。為什麼這樣的飛化就可以離婚呢？

周星飛：父母是證書位，夫妻丁巨門忌入父母（大限夫妻）相應了。又逢命己文曲忌入父母，如果串聯疾厄的甲太陽忌入父母，夫妻是大限疾厄，相應本命疾厄，這個還有可能有很多意外或是病症，尤其是心臟病、腦梗中風、眼睛有問題，巨門忌太陽忌。加了文曲忌，可能是心肌無力之象。

學生乙：他08年離婚。大限父母相應。大限父母（田宅）壬武曲忌入命，轉己文曲忌入父母。

周星飛：那你就自己套著看看，離婚的時間點。會很快的找出規律。會解盤手法之後，就可以套一套，找出可能的時間點。

學生乙：08年踏交友宮，甲太陽忌入父母，夫妻是（流年交友）丁巨門忌入父母，產

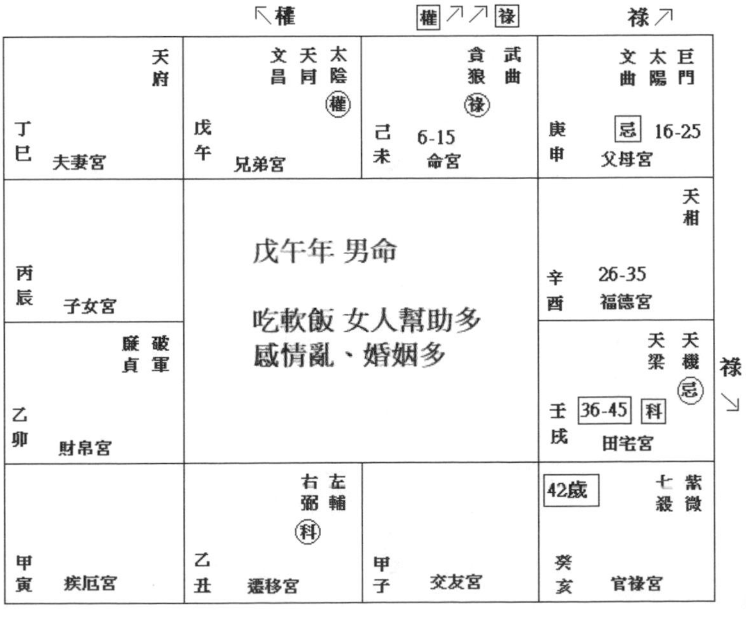

生父母宮多忌。照著師父教的方法，一個個套。怎麼應一個父母就離了。我一直以為要看田宅、父母、夫妻，全部都應才離。

周星飛：當然要多宮位的交忌。如果全部相應是一定離，就像紅燈一亮，婚姻就破了。你看這個大限相應了，又準備要離了。

學生乙：應到父母。說明是證書位破了，而且是文曲，本身還有命忌在父母。我也覺得會有問題。

周星飛：田宅有生年天機忌，再轉壬武曲忌入命，轉己文曲忌入父母，跟夫妻丁巨門忌入父母，家庭跟夫妻交忌了。所以，這個家比較沒有感情的空間，感情無緣。

那另一方面又有多情而且有吃軟飯的情況。夫妻丁太陰祿天同權入兄弟，轉戊天機忌入田宅，逢遷移、財帛乙天機祿來會，所以，又可以靠感情而致富，而且遷移是流年田宅又相應本命田宅的祿。我猜可能又交到了一個有錢的對象，準備去舊換新了。一方面有感情緣不好的地方，一方面又有感情緣份好的地方。但是，這些事也不能跟他老婆說的，這是他家的家務事。

學生乙：不敢說的。可是他自己創業，他老婆也有兩家店。

周星飛：從夫妻而來得祿權，讓兄弟、田宅得祿權，是不是靠老婆致富的？

學生乙：一開始我就問了，是不是前妻致富的。她說不知道，男的說，都是自己賺的。

周星飛：他自己當然不會說自己吃軟飯之類。但是，從命盤看，他是吃軟飯的，說的話都是自己往臉上貼金的。

學生乙：前幾天，女方還問我會不會離婚。我說離婚不是一件容易的事。任何家庭都有問題存在。而且這個二婚位，子女也祿入兄弟。

周星飛：夫妻丁巨門忌入父母，這個很容易感情上有人倫的混亂，所以，有一妻二妾也是很正常的。

學生乙：我聽說，這男的前妻是出軌離婚。估計具體誰是誰，不好說。

周星飛：有些事聽聽就好了，誰會說自己爛啊。反正算命就是財、情、官是最多人問的。

學生乙：這個盤感覺今年就有象義要離婚。大限流年都應了父母。

周星飛：有，相應了田宅忌入命，大限命忌入命

夫妻相應大限夫妻。所以基本上今年都相應。還有一個，父母多忌之後，再轉庚天同忌入兄弟，福德辛文昌忌入兄弟，田宅跟福德交忌，這個家道中落之外，忌入父母、兄弟，所以，連帶「父、母」都辛苦不給力。而且，因為還串聯父母，以前有說過，也可能改過「姓、名」，所以，這個男的可能三代之內有改過「姓氏」，也可能有兩三個「名字」。像廣東那邊的都有點奇

怪的，外面叫的跟身分證上的很多都不一樣的。比如說，身分證是姓陳，怎麼外面的人叫都是姓王，名不符實的情況很多。

學生乙：感覺這今年。這相應得很多。他自己本身開健身房的，現在四月。馬上五月了。

周星飛：農曆4月踏父母有好多忌了，所以，搞不好壞事落在父母宮上了，我是覺得可能又扯上了其他對象的，準備爆炸了，你就等著看看會不會有事了。轉忌入兄弟（流月夫妻），也相應了。踏忌應該是麻煩的地方多。

學生乙：6月，也是流月命忌入命，夫妻忌入流月夫妻，流月父母忌入命轉忌父母，全都相應的。4月過完還有15天，坐等消息。

周星飛：是的。還有半個月呢！

三、命例3：離婚打官司。2018年命例

周星飛：田宅壬武曲忌入財帛，轉丁巨門忌入父母，命、夫妻己文曲忌入父母。田宅跟夫妻交忌，也是一種離婚之象，如果打官司的話一定會輸的，而且串聯財帛還會賠錢進去。

學生甲：確實也離婚了，但沒離家。是為孩子上學的事情離婚的。

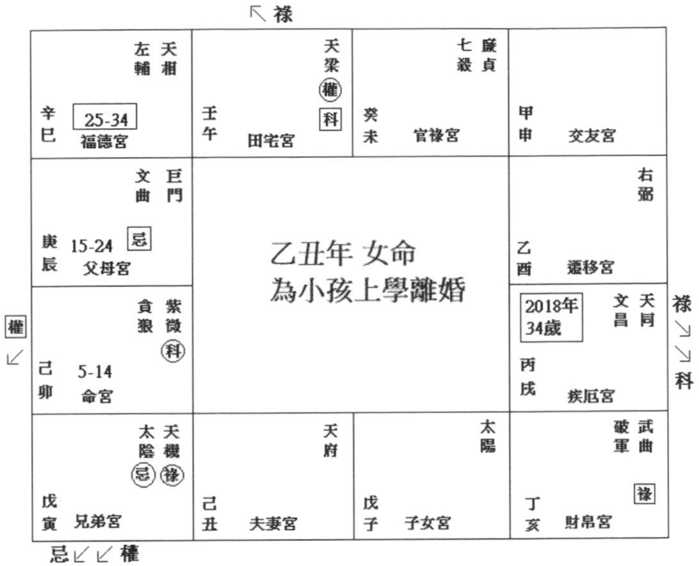

四、命例4：女命生不出小孩，男方吵著要離婚分家產。娘家人要出面處理。2018年命例。

學生甲：我發一個盤，她是連做兩三次試管都流掉懷不上孩子的，子女宮不知道怎麼看。

學生丁：田宅、子女，互沖，忌出。相當於子女也有生年忌，子女辛文昌忌入田宅，逢田宅生年忌，又丁巨門忌入子女。去年今年兩年都好多忌入田宅沖子女，很難懷孕。

學生甲：是的，一懷孕就沒。問我要不要離婚，她老公連小月子都不照顧她，異地夫妻。她好面子不想離，老公要跟她爭房子。她老公說她懷不上吵著離婚。

學生丁：我只看到田宅有忌就卡了。

周星飛：夫妻忌入遷移，容易感情上另類選擇，轉忌入交友，被朋友罵，不被認可的感覺。夫妻忌入遷移，轉忌入交友，這個感情婚姻觀念行為、想法做法是很奇怪的。

學生甲：感情另類吧！不被朋友看好，眾人不看好的。

學生丁：應該祖上都不錯吧！

學生甲：是的，家上有錢，娘家挺有錢的。

周星飛：不過，有生年巨門祿在子女，最低限度要領養小孩，還是能有的，有的命盤連領養的命也沒有的。

學生甲：她自己也說，以後懷不上，有可能領養了。

周星飛：父母跟子女都交忌在田宅了。

1、父母也是國家、證書，也可能小孩子戶口不對。

2、父母要男的，也生不了男的，小孩跟父母的緣份少了。

3、沒有三代同堂：沒有三代，或是三代都不聚在一起的。

忌↗

天梁 右弼 文曲 (科) 癸巳 兄弟宮	七殺 甲午 4-13 命宮	乙未 14-23 父母宮	廉貞 祿 丙申 24-33 福德宮
紫微 天相 壬辰 夫妻宮 ←權	辛酉年 女命		左輔 文昌 (忌) 丁酉 34-43 田宅宮
巨門 天機 (祿) 辛卯 子女宮 ←祿	女方生不出小孩 男方扯著要離婚分家產		破軍 權 2018年 38歲 戊戌 官祿宮
貪狼 庚寅 財帛宮	太陽 太陰 (權) 忌 辛丑 疾厄宮	武曲 天府 科 庚子 遷移宮	天同 己亥 交友宮

↙權　　權↘

學生甲：聽她說，就是男方、女方當時都失戀了，都過30了，大家認識就湊合吧！

周星飛：借盤看：老公的「福德(命宮)跟田宅(父母宮)」都忌入疾厄，交忌了，再轉辛文昌忌入田宅，又逢生年辛文昌忌，這麼多忌在田宅，是很標準的家道中落。田宅多忌是會窮很久。

學生甲：這夫妻倆是我小學同學，同班的。現在婆婆也是挑撥兒子嫌棄媳婦懷不上，把她們的結婚房搶了。婆婆沒名份的幫一個香港人生了個兒子。老師，她問我要不要離婚？

周星飛：所以，挑對象真的還是要慎選的。家庭還是比較正常一點會比較好。要不要離婚，這個是他們要決定的。

主要是「田宅的丁天同權」

1、夫妻忌轉忌入交友，逢福德的天同祿，是「被閃婚」。

2、夫妻的忌轉忌入交友，逢田宅的丁天同權，是家庭應該有阻擋過。權忌爭鬥。

學生甲：女方父親不喜歡，可是女兒自己要嫁。

周星飛：所以，如果要離婚，想必家裡有人出面做主的。

學生甲：就是要有一個做主的人。

周星飛：女命，夫妻忌入遷移，轉忌入交友，感情上不成熟，又不穩定，福德有廉貞命祿，又是裝公主，容易幻想感情的美好。現在出事了，忌入遷移、忌入交友，是EQ低，不知所措，也找不到朋友幫忙。

學生甲：很符合她，公主病。

周星飛：不過，夫妻的忌轉忌，只是一忌而已，交友再轉己文曲忌入兄弟，逢生年文曲科。

1、兄友線是分床、分房之象，逢生年科，可能回來一次睡三天，或是一個月回來睡三次。

2、如果說，男方最後是忌入兄弟，是要錢，文曲科就是可能最後30萬談離婚。

學生甲：兩地分居，一個廣州一個中山，房子要賣掉嗎？現在是2萬一坪。廣州郊區。她老公不回廣州的家，一個人在中山做生意。

周星飛：田宅的權，男方是忌。所以，男方就是採取長期抗戰型的。但是田宅的權出來了。如果女方的家人出面了，可能就不是小事了。

學生甲：女方在當地還是有點社會地位，老爸有錢。她自己是居委會主任，有點職位，面子拉不下。

周星飛：公主病：福德有廉貞命宮，容易用好、吃好、享受好。

學生甲：對呀！很會享受。什麼都用好。愛美顯擺，廉貞祿。

五、命例5：被父母拆散的感情。2014的命例。

周星飛：四忌入父母，不是只有「父母有問題」，只要化忌入父母宮的宮位，1、命，2、夫妻，3、田宅，都會跟著出問題的。

再轉丁巨門忌入遷移，這個感情上反社會人格、叛逆、宅男女的個性。可能是同性戀。戀愛的想法非常另類。所以，想必找的對象也很奇怪的，或是處理感情事情很奇怪。

學生甲：是，家庭條件、身高、長相都是差距大。今年被父母拆散了兩個女友。他父母越反對，他就補償女友，對女友越好。他現在就想透過什麼辦法讓父母認可他的女友。

周星飛：夫妻忌入遷移、父母，不是不能結，可能閃結而閃離。感情無腦之人，就容易衝動、私奔之類的。夫

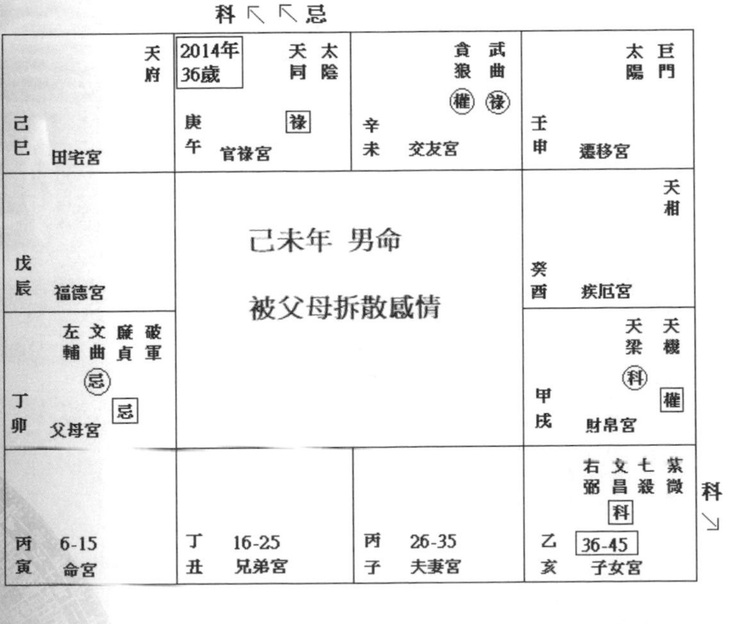

妻丙廉貞忌入父母，感情上是傻蛋之象，這種人很不會表達甜言蜜語，再轉丁巨門忌入遷移，這種感情是背乎常態、反社會人格的。任何事忌入遷移都容易反社會人格的。比如說，專找三陪女之類的，或是家庭背景差很大的。

學生甲：什麼都是差距大？

周星飛：這個一結婚之後，保證離婚的時候，也是灰頭土臉的。

六、命例6：女命離婚之後從事比特幣，身價暴漲幾十億

一、為何離婚：夫妻官祿一線，至少有五個忌

父母田宅癸貪狼忌入夫妻，命福德壬武曲忌官祿，逢生年忌。

所以，會造成命主想要工作，跟家庭想要她成家，是不一樣的方向的，那一定會造成衝

科↗

太陽 乙巳 交友宮	破軍 丙午 遷移宮	天機 丁未 疾厄宮	紫微 天府 (權) [權] 戊申 財帛宮
武曲 (忌) [忌] 甲辰 官祿宮	壬戌年 女命 離婚後創業 身價幾十億		太陰 己酉 33-42 子女宮
天同 癸卯 田宅宮			貪狼 庚戌 23-32 夫妻宮
七殺 文曲 右弼 壬寅 福德宮	天梁 (祿) [祿] 癸丑 父母宮	廉貞 天相 文昌 左輔 (科) 壬子 3-12 命宮	38歲 巨門 辛亥 13-22 兄弟宮

[科]↘　　祿↘

突。所以、夫官線多忌，對於感情、工作一定有衝突的，離婚、分手也很正常的。

二、為何婚後，創業發大財。

命主婚後，開設比特幣的公司，也投資比特幣。掌握時機，一下子身價幾十億。這個命盤，至少有兩條發財飛化的路線，路線愈多，賺錢的機會就愈多，串聯偏財星，財富愈大。

1、田宅癸破軍祿入遷移，官祿甲破軍權來會，轉丙廉貞忌入命，逢官祿甲廉貞祿來會，轉壬武曲忌入官祿，串聯破軍祿、廉貞祿、武曲祿。

2、命福德壬天梁祿入父母，逢生年天梁祿，三祿，轉癸貪狼忌入夫妻，逢財帛戊貪狼祿來會，轉庚天同忌入田宅，逢遷移丙天同祿，疾厄丁天同權來會。串聯天梁祿、貪狼祿、天同祿。

七、命例7：大美女問說：分手之後，能不能復合，情緒低落。

2019年命例。

學生甲：是個大美女交了個北京電影導演，男的要求結婚，女的當時沒答應，現任女生又想結婚了。小情侶鬧完分手，又想復合。復合怎麼看？

學生乙：科忌主糾纏。

周星飛：科忌糾纏，一定是對的。不過，是去舊換新？還是舊的繼續用？有時候不一定好理解的，比如說：感情上交忌也交祿的。假設，交忌是分手，交祿是有感情，如果舊的不走就會復合，如果，去舊就去換新。

1、夫妻己文曲忌入福德，感情上有挑剔。命（大限夫妻）辛文曲科入福德，那這個就是感情糾纏的象義了。

2、轉癸貪狼忌入交友，又逢生年癸貪狼忌，直接冷凍，最後還是沒輒。而且雙忌入交友，沖兄弟可能分隔兩地。

3、夫妻忌轉忌逢生年忌，背景條件差別大，夫妻己文曲忌入福德，一定有挑剔感情，感情讓她很煩、偏執，所以等明年，交友是流年福德，相應本命福德，這個女生應該會瘋瘋的了，但是夫妻己貪狼權入交友，好像又有備胎過來？所以看起來，跟這個男的沒輒的話，後面還有一堆備胎的要準備進攻的。畢竟是雙忌的影響，所以應該會發瘋，憂鬱至少半年以上，然後才會放開心讓別人追的。

4、不過我覺得還有可能會自殺的，明年踏田宅，夫妻是流年疾厄。本命的疾厄（大限交友）丙廉貞忌入兄弟，對沖貪狼忌之後，轉庚天同忌入福德，疾厄的忌相應了，福德的忌相應了，交友的忌相應了，兩大桃花星都化忌了。主要是福德宮、疾厄宮的忌，這種很容易心裡憂鬱還會有身體傷害，所以才會說有自殺之象，還有交友的忌，沒有競爭力，更有不想活了。

5、如果以今年流月來說，田宅是今年的農曆九月，飛化跟上面的是一樣的，只是把「流年的宮位」改成流月的宮位，照樣也都相應的，也會有類似的問題。所以，命主可能今年中秋的附近，就會憂鬱或是吵著要自殺不想活了。精神上、肉體上的競爭力都不足，所以，不想活的念頭都有了，要跟她說：要放開心、多唸唸經，轉移注意力。這個飛化很複雜，如果看得懂的話就可以畢業了。

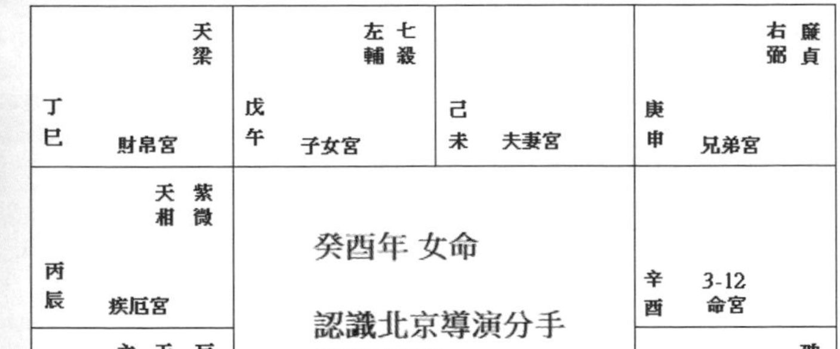

同性戀、多角戀、不婚不戀、入贅，奇奇怪怪的戀

夫妻宮坐的星或是飛化串聯巨門忌、貪狼忌、廉貞忌、太陰忌、天同忌之類的，尤其串聯生年忌、父母、交友、福德、田宅、遷移的忌之類的，都可能會有幾個情況：

1、結婚的對象有問題，同性、多角戀、入贅女婿、上門女婿、倒插門等等。

2、地下夫人、偏房、側室、戶口有問題的。

3、感情上倒楣遇上壞的對象、桃花劫財劫色。

4、一夜情的、感情放蕩之象。感情對象不詳之類。感情上完全空白的，當宅男女。

5、不婚不戀斷絕情慾、出家修行、拒絕一切桃花事。或是被異性完全拒絕。

6、工作容易跟特種行業、三陪小姐、龜公、牛郎有關的工作。

7、無形界鬼神的干擾很多（書本的最後幾個章節會討論這個 題目）。

總體的解釋為「不得眾人、社會的認同、反社會的人格，或是桃花是非」，如果再串聯上父母宮、巨門忌、廉貞忌之類的，更容易犯官司的。

一、命例1：2018的命例。命主為同性戀和妻子無性生活。因為同性戀被前妻撞見而離婚。

貪狼 廉貞 乙巳 夫妻宮	巨門 忌 丙午 兄弟宮	天相 丁未 2-11 命宮	天同 天梁(祿) 權 戊申 12-21 父母宮
太陰 祿 左輔(科) 甲辰 子女宮	壬戌年 男命 同性戀跟老婆無性 被老婆撞見離婚		武曲(忌) 七殺 己酉 22-31 福德宮 (祿↗)
天府 文昌 癸卯 財帛宮			2018年 37歲 太陽 右弼 庚戌 32-41 田宅宮 (祿↘)
壬寅 疾厄宮	紫微 破軍(權) 癸丑 遷移宮 (↙祿)	天機 科 壬子 交友宮	文曲 辛亥 官祿宮 (科↘)

學生甲：此命主為同性戀和妻子無性生活，奇怪的感情觀。父親早去世，母親感情癡迷做小三，其姊姊婚姻也有裂縫。命主為國企電力工程師，月入2萬人民幣，但因為同性戀被前妻撞見而離婚。但是感情緣也厚，也會再婚。

周星飛：如果命盤對的話，福德有那麼多忌。這種人也是很偏激的一個人，常常很多想不開的。還有七殺、武曲忌，這種人脾氣也很強牛的。他想幹嘛也沒有人阻止得了。

學生甲：確實如此，老師說得都對。

周星飛：命丁巨門忌入兄弟，這個也是想創業什麼的，轉丙廉貞忌入夫妻，也很執著感情的。

學生甲：是的，很想創業，但是固定工作。

周星飛：不過遷移又癸貪狼忌入夫妻，對感情又迷迷糊糊的，串聯巨門忌加上廉貞忌加上貪狼忌，這個感情的EQ想法就特別奇怪了。而且有個麻煩，子女宮甲廉貞祿入夫妻，這個又有多情慾之象。

學生甲：是的。老師分析得好。確實是多情慾。

周星飛：不過這個人在社會上很風光。父母有生年天梁祿，天同命權，遷移紫微生年權、破軍自化祿。這個人社會地位高，人模人樣的。

學生甲：嗯，收入很高。有專業技能。目前社會地位一般，是發電廠工程師。

周星飛：因為夫妻宮也多忌，沖官祿。工作就接接案子，工作淡旺季很大，一下子忙，一下子不忙。不過這個在上個大限的時候，應該也會為情自殺的、自殘的。

學生甲：沒有自殺，只是憂鬱了半年。

周星飛：福德宮的武曲有三忌，再轉已文曲忌入官祿，對沖夫妻宮的廉貞忌貪狼忌。所以，因為感情而有精神問題的。還有，福德宮串聯文昌、文曲忌也是會很敏感的，頭上裝天線，能接收到不同世界的訊息，有點通靈的。所以，可能也會有幻想、幻覺。這個應該是將軍轉世的。

學生甲：是的。他能看到鬼魂。嗯嗯，可惜了。卻喜歡男人。

周星飛：你流口水了？這個男人是不錯的，主要還是父母、遷移多祿權。這個聰明、社會地位高。如果，不是同性戀，也會多角戀，玩一夜情都可能的。

學生甲：是的。確實非常聰明。

周星飛：還有他喜歡的對象，也應該是有錢那一種的。借盤看，父母是另一半的田宅有天梁祿天同權。另一半的財帛有破軍祿、紫微權，也是有錢之象。

學生甲：離婚了的妻子很有錢。

周星飛：同樣的命盤是同性戀？我覺得不一定的。但是，同樣的命盤，總的來說是「奇怪的感情觀念行為」。只是在這個命盤上顯現的是，同性戀加上跟老婆無性婚姻離婚，這個奇怪的感情觀念行為。然後，這個今年也應該會有再婚的機會，可能家裡還是會逼他再娶的，差不多就是農曆4月了。不過，畢竟福德宮的武曲的忌太多，自己想不開，所以會阻礙一點時間。

學生甲：今年正月離的。因為是獨子。所以家裡應該會再逼婚。

周星飛：不過，也應該拖不了多久的，頂多差不多農曆7、8月就會再娶的，夫妻緣很多很厚。所以，不想娶，婚姻的緣份還是像潮水湧過來。夫妻乙天梁權入父母（流年夫妻），逢生年壬天梁祿，轉戊天機忌入交友，又逢夫妻乙天機祿來會。夫妻緣厚之象。

學生甲：他前妻就是發現他摟男同事的腰，喜歡看帥哥，才離婚。

二、命例2：男命主遇到富婆，被包養。2019命例。

學生甲：這個命主，有老女人直接了當的要包養他。

周星飛：這個命盤有一個特點：遷移丁巨門忌入夫妻，逢生年丁巨門忌，也逢夫妻自化祿，還加上命福德癸巨門權。巨門忌，怪異、被騙。

1、我講一個故事，類似命盤我看過一個，命主交了一個女朋友，然後這個女朋友被第三者搶走了，然後這個命主化「權」去爭搶這個女的，權忌是鬥爭的，在夫妻宮上面。

2、也可能這個命主也遇過桃花劫，比如說，以為女生要對他好，結果女孩是設計他去開房間，或是要仙人跳，然後不從就可能打了起來。權忌鬥爭打架。

3、遷移丁巨門忌入夫妻，逢生年丁巨門忌，感情怪事一大堆，也不見得同樣的命盤就被包養的，也許嫖妓啦、做鴨公，都是感情上的扭曲。所謂「被包養」也只是一種騙人幌子，巨門忌就是被騙或是被設計，反正很奇怪，一堆你想得到、你想不到的。

4、所以，大方向廣泛的研究象義，千萬不能太死腦筋說，一定被包養，那就造口業了。

5、還有一個特點像這種「果報宮加上生年忌，福德、遷移、夫妻加上生年忌」，尤其是福德夫妻遷移這種互化忌，再加上生年忌，通常會有很詭異的情況。遷移丁巨門忌入夫妻，逢生年丁巨門忌，我都會覺得這個飛化感情上難免都會卡到，或者是，他會被包養，完全是有鬼神的驅動而來得，看這個男人好欺負，這個富婆就來榨乾他了。或是這兩個男、女的「磁場相近」，就滾床單在一起了，這個巨門忌，除了「鬼界」還有「冥界、冥

王星」應該是最恰當的解釋，總是受不知道的世界的影響，看不見的黑手驅動。

學生N：我老公就是田宅丁巨門忌入夫妻，逢丁巨門生年忌！

周星飛：所以，妳老公娶了一個「異世界」的老婆，外星人就是異世界。以上面的命盤來說，也可能富婆是外星人啊，來搭救這個男命主的，也未必真的是鬼。所以，我們說「鬼界、冥界或是外星人」都可能是受「巨門忌」的影響，看不清楚的地方而來的。就像我們論病，巨門忌的病，就是你去大醫院檢查，怎麼查都找不到病因，就像病躲了起來，不讓醫生看到。所以，巨門忌也很奇特的。

三、命例3：長相醜不受異性歡迎、被女孩子覺得猥瑣。

學生X：周老師，這就是經常跟我外出的朋友！他人很缺桃花，而且有時候隨便看一下某個女的，都會被當成是猥瑣的，很鬱悶。

周星飛：「緣份」參透此二字，你就功夫往上提高了。

飛星的「緣份」是這樣看的。

1、交祿是好緣。

2、交忌或是兩宮忌轉忌入，同宮，或是對宮（命遷、父疾……）都是「緣份不好」。

（1）、遷移跟夫妻「對沖」無緣。遷移乙太陰忌入財帛，夫妻己文曲忌入父母，轉庚天同忌入福德。遷移跟夫妻兩宮的緣份就對沖了，感情的緣份就不好了。

（2）、命、福德辛文昌忌入兄弟，逢生年丙廉貞忌，疾厄再丙廉貞忌入兄弟，有廉貞四忌，廉貞是桃花味，身上沒有桃花味，怎麼能吸引異性呢？

（3）、四忌，轉庚天同忌入福德，加重遷移跟夫妻的交忌，破壞力更強。所以，可能情緒不穩定，或是很偏激，行為舉止不是正常人的行為。

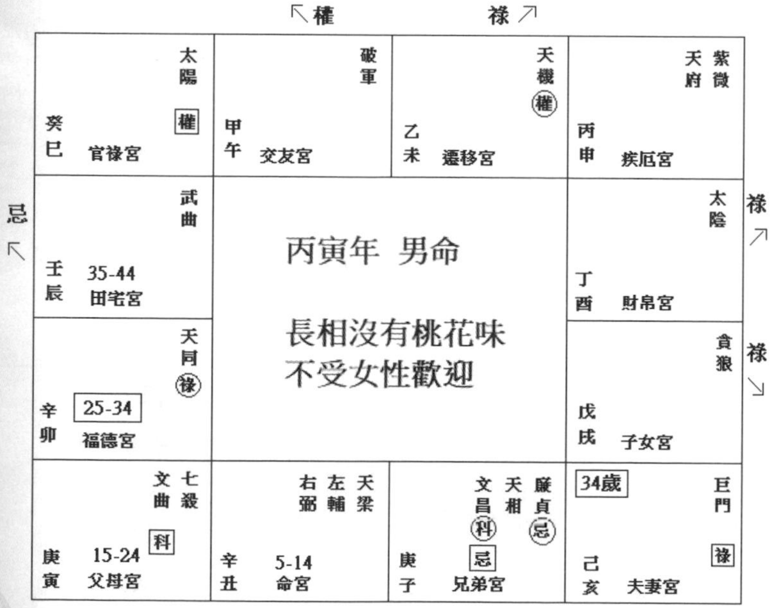

（4）、所以，跟異性無緣，看他就討厭。你叫他聞聞看身體有沒有桃花味啦！所以，他做什麼事，都讓異性覺得怪怪的。

四、命例4：男命爲了買房子跟前妻假離婚，又交往其他女孩子。

學生G：剛好一個相識的朋友就是老師您今天講課的夫妻宮巨門忌。他找了個比他小7歲，自己很喜歡的女的。不過老婆12／17有曖昧簡訊被他發現。15年為了買第三套房子才假離婚的。兩個人現在都沒小孩。有想人工受孕。因為比較熟，好像沒感覺另類。所以才和老師您回饋的。

周星飛：夫妻巨門生年忌，轉甲太陽忌入遷移，轉壬武曲忌入交友。嗯，反正他的感情蠻另類的。

學生G：不知道您說的另類指的是？

周星飛：也許妳覺得這些事情好像很正常。可是在我們看起來就有一點不正常。

學生G：可能他愛上了個不該愛的人吧！他不愛老婆就愛外面的？

周星飛：可能，是妳啊！

學生G：大師不愧是大師！不過我知道他和他前妻根本不想斷，雖然離婚也分居了，還每週要家庭聚會，情人節也要在家裝模作樣，怕前妻問他，我就分了。我不是小三啊！他和我在一起的時候已經離婚四年了，他自己說和前妻不怎麼聯繫了。我哪知道在一起後，他前妻每週都來找他的。我受不了，我也不想搞三角戀。沒事，早分了。不過是看見剛好巨門忌，和您的音訊符合，就發來回饋一下。

周星飛：謝謝妳的反饋。

天相 乙巳 12-21 兄弟宮	天梁 右弼 丙午 2-11 命宮	2015年 39歲 七殺 廉貞 忌 丁未 父母宮	左輔 戊申 福德宮
巨門 忌 文曲 甲辰 22-31 夫妻宮	丁巳年 男命 男方2015年 為了買房子假離婚 又交往新的對象		己酉 田宅宮
忌↙ 紫微 貪狼 癸卯 32-41 子女宮			天同 權 祿 文昌 科 忌↘ 庚戌 官祿宮
太陰 祿 天機 科 權 壬寅 42-51 財帛宮	天府 癸丑 疾厄宮	太陽 壬子 遷移宮	43歲 破軍 武曲 辛亥 交友宮

晚婚、不婚的命例

通常晚婚有幾種飛化組合：其中最大一種就是「家道中落」。

1、夫妻跟田宅交忌：家裡沒有另一半的空間。成家的緣薄。

2、福德跟田宅交忌：家道中落，或是不想成家立業。傷男丁。

3、夫官線上多忌，感情、工作動盪不穩定。

4、子田線上多忌，家庭的緣份也動盪大。成家的壓力大。

一、命例1：田宅夫妻交忌，晚婚跟有財產損失之象。2019年命例。

學生F：老師，1988年這個盤蠻符合您今天發的這個自己長大的盤吧！事實上也不算爹不疼娘不愛，就是從小比較獨立，父母感情不好，初中畢業就離婚了，從小都是媽媽帶，爸爸不怎麼管，但是開銷都是爸爸給的，和父親感情不大好。

周星飛：嗯嗯，夫官線多忌，本來就小時候父母自己帶不好帶，或是給別人帶大多。田宅、夫妻、命、生年忌在官祿宮都交忌了，這個感情緣也有點問題的。

學生F：所以其實應該還好吧！有些東西能自己想開，老是遇到渣男，所以到現在還沒有結婚，她碰到的渣，就是老是會有第三者這種情況的感覺。官祿、遷移那麼多忌，是不是代表工作很困難，離祖發展啊！

周星飛：像去年是不是，也窮得很？夫妻是流年田宅，相應本命田宅的忌沖。

學生F：嗯，去年投資的股票爆倉了，然

後去年很壓抑，今年稍微好一些了，不過今年又遇到了渣男。又有點鬱悶了，像這種盤，是不是感情婚姻一直就是有問題的？因為原盤官祿忌沖夫妻了。

周星飛：正常。2019年夫妻乙太陰忌入遷移（流年夫妻），這個感情也是會選到錯的。

學生F：像這種先天盤有問題，但是有些人原盤感情還好，但現在誘惑那麼多，其實出軌的人都很多。是真的有那種感情很好不出軌的婚姻嗎？還是現代人其實婚戀這塊大多都有問題？

周星飛：守身如玉，總是可以自己選擇的。就像外面下大雨，你自己不帶傘，那一定會淋濕的，哪能怪下雨？

二、命例2：虛雲大師的命例出家當和尚。

1、父母屬「先天智慧力」是IQ，遷移屬「後天應變力」是EQ。

2、所謂的聰明人，必然是父母、遷移見祿，就容易聰明而伶俐，頭腦好、應變力強。

3、命盤上，父母坐生年庚太陽祿，轉癸貪狼忌入福德，逢遷移戊貪狼祿來會。父母跟遷移交祿，當然更有聰明之象。遷移宮干是戊，容易有才華顯現。交祿在福德，是祿入精神意態裡，所謂的阿賴耶識裡。

4、修行力的高低怎麼判斷：

父母、遷移交祿，更容易是聰明之人。再轉甲太陽忌入父母，又逢夫妻庚太陽祿來會。福德、夫妻、遷移，這三個宮位是福德三方，隱含果報之象，所以會更加的聰明的。

但是，夫妻也是感情上的事，一般的算命師看到此命盤99%會斷定，男命是風流才子。但是沒了感情，就把果報上的福報全部用在智慧之上成就了一代祖師。

那福德宮的貪狼至少有「三祿二權」，父母宮的太陽先有生年庚太陽祿，再加上貪狼祿，轉忌過來得，也有「四祿三權」之象，修行的能量等級很高很高。如果從命宮壬天梁祿入交友，再轉忌，那這樣子的「貪狼祿、太陽祿」就更多了。

↖忌　　科↗　　祿↗

天同 忌 辛巳 兄弟宮	武曲 權 天府 文曲 壬午 3-12 命宮	太陽 祿 太陰 科 癸未 13-22 父母宮	貪狼 文昌 甲申 23-32 福德宮
破軍 右弼 庚辰 夫妻宮	虛雲老和尚的命盤 農歷1840年 七月29日寅時		天機 巨門 乙酉 田宅宮
己卯 子女宮			紫微 權 天相 左輔 科 丙戌 官祿宮
廉貞 戊寅 財帛宮	己丑 疾厄宮	七殺 戊子 遷移宮	天梁 祿 丁亥 交友宮

5、當然，風流才子轉作高僧大德的，歷史上很多，最有名的就是李叔同，弘一大師，精通繪畫、音樂、戲劇、書法、篆刻和詩詞，為現代中國著名藝術家、藝術教育家，中興佛教南山律宗，為著名的佛教僧侶。有興趣的同學，可以自己上網找弘一大師的生平的。所以，每個高僧大德，也都是才華出眾的，只是沒風流而已。一風流，福報就消耗得很快的。不可不慎。

6、不想成家：遷移以戊天機忌入田宅，交友丁巨門忌入田宅，轉乙太陰忌入父母，逢福德甲太陽忌來會。

遷移交友交忌：有特立獨行之象，而且有離家之象，如果不離家，也是會有「敗家」之象。福德田宅交忌，成家念頭不強。

三、命例3：供雙姓祖先，造成傷丁傷財。（鬼神祖先的影響）

1、父母丙廉貞忌入交友，轉庚天同忌入財帛，福德丁巨門忌入財帛，二忌，父母跟福德交忌，意味父母可能不得志。轉癸貪狼忌入疾厄（父母的遷移宮），沖父母。遷移的忌愈多個性愈保守或是愈扭曲、命主的父親是這種情況。

2、命乙太陰忌入遷移，轉辛文昌忌入田宅，疾厄宮壬武曲忌入子女，逢子女宮武曲生年忌。子田線三忌。所以，命主也有奇怪的個性、扭曲的人生觀。串聯命宮疾厄宮，也可能有壽不長之象。加上子女宮也會造成婦科有問題，或是生小孩也有問題。

3、遷移福德父母生年忌，破「子田線」，也是很標準的家道中落、果報傷田宅。據命主說，家裡供了兩組祖先牌位。造成傷丁傷財。除了父親不得志沒出息，連老公也難找，38歲還未婚。

↖ 祿

天機 右弼 乙巳 6-15 命宮	紫微 ㊓權 文曲 科 丙午 父母宮	丁未 福德宮	破軍 文昌 戊申 田宅宮
七殺 甲辰 16-25 兄弟宮	壬子年 女命 家中供雙姓祖先 容易造成祖先爭搶 香火，麻煩事多		左輔 ㊓科 己酉 官祿宮
太陽 天梁 ㊓祿 權 癸卯 26-35 夫妻宮			廉貞 天府 庚戌 交友宮
天相 武曲 ㊓忌 壬寅 36-45 子女宮	巨門 天同 癸丑 46-55 財帛宮	貪狼 壬子 疾厄宮	48歲 太陰 忌 辛亥 遷移宮

↙ 忌　　↙ 權

桃花劫失人失財受傷官非：被仙人跳、感情被騙

感情加上理智宮位（父母、遷移）的交忌，再串聯田宅、財帛、兄弟、疾厄之類的宮位，就會造成「人、財兩失」。

一、命例1：乙未男命：被仙人跳後，窮了。

（一）、「被騙」通常跟：

1、忌入遷移、父母：無理智、沒心機。

2、父母、遷移的忌，跟交友、子女交忌：識人功夫有問題、防人之心少，做人單純，或是交友不慎。

↖忌　　祿↗

文曲 左輔 辛巳 田宅宮	天機 (祿) [忌] 壬午 官祿宮	紫微 (科) 破軍 癸未 交友宮	甲申 遷移宮
祿↖ 太陽 庚辰 福德宮	乙未年　男命 仙人跳、破大財 感情上有陷阱		天府 文昌 右弼 [科] 乙酉 疾厄宮
祿↙ 武曲 七殺 己卯 父母宮			太陰 (忌) [權] 丙戌 財帛宮
天同 天梁 (權) 戊寅 5-14 命宮	天相 己丑 15-24 兄弟宮	巨門 戊子 夫妻宮	65歲 貪狼 廉貞 [祿] 丁亥 子女宮

↙忌

(二)、被騙金額的大小：

1、串聯田宅最大，兄弟次之，再來是財帛。

2、串聯「廉貞忌、貪狼忌、巨門忌」保證數字變很大。

3、父母宮串聯廉貞忌、貪狼忌、巨門忌也容易有官非的問題。

(三)、命主被仙人跳，惹上桃花劫。

1、交友以癸貪狼忌入子女。財帛坐生年乙太陰忌，轉丙廉貞忌入子女。

2、挾二忌，子女再以丁巨門忌入夫妻。(影響到夫妻)

3、馬上「忌出」官祿，又逢命戊天機忌入官祿。四忌以上。

4、轉壬武曲忌入父母(搞得不好看)。被仙人跳，被拍照搞得很難看，花大錢解決。

(四)、窮相：

1、財帛有生年乙太陰忌。這個口袋的錢不能多。多了就有問題。

2、遷移甲太陽忌入福德，這個情緒容易被刺激、激動，沖財帛的乙太陰忌。就會產生亂花錢的情況。或是處理事情不當，就虧錢了。

3、田宅辛文昌忌入疾厄，轉乙太陰忌入財帛，逢生年乙太陰忌，二忌。

4、遷移甲太陽忌入福德，三忌。田宅遷移破了福財線，三忌，有窮相。

二、命例2：丙辰男命在網路認識對象，被仙人跳，破大財。

男命碩士畢業，網上認識一女人，被騙結婚，離婚遭索賠損失慘重。

(一)、為什麼被騙？

1、忌入交友、父母、子女，是重情義，耳根子軟。

2、忌入遷移、父母，也是少理智、防人之心少。

3、福德忌入遷移或交友三方，是脾氣更急躁，或是更重情義。

4、命、福德是情緒、思考宮位，福德忌比命忌更執著、偏激。

(二)、此命盤，父母甲太陽忌入子女，遷移己文曲忌入子女：

紫微 七殺 左輔 癸巳 2-11 命宮	甲午 12-21 父母宮	乙未 22-31 福德宮	丙申 32-41 田宅宮
天機(權) 天梁 壬辰 兄弟宮	丙辰年 男命		破軍 [祿] 廉貞(忌) 右弼 丁酉 [42-51] 官祿宮
天相 辛卯 夫妻宮	仙人跳、破大財 結婚離婚		戊戌 交友宮
太陽 巨門 文曲 [權] 庚寅 子女宮	武曲 貪狼 [忌] 辛丑 財帛宮	天同(祿) 太陰 文昌(科) [科] 庚子 疾厄宮	天府 己亥 遷移宮

祿 ↖

↙ 祿　　科 ↘↘ 忌

1、遷移與父母交忌在子女，子女是交友三方。

2、遷移是EQ情商，是待人處事，學習而來，屬理解力。

3、父母是IQ 智商，是先天智力，父母給的，屬記憶力。

4、破在交友三方時，處理交友、人際關係問題就比較癡、呆、少心機、容易被騙，也容易犯小人，被人設計。

（三）、官非的星：廉貞忌、巨門忌。

1、生年廉貞忌在事業，轉丁巨門忌入子女。

2、廉貞是官非，法律問題，偏財星見忌，如果有是非的事，都不是小事。轉忌入子女，和遷移父母破在子田線上。運氣不好就會犯小人，引起是非官非。

（四）、官非的問題，串聯夫妻跟金錢的宮位：

1、命癸貪狼忌入財帛，轉辛文昌忌入疾厄。

2、夫妻辛文昌忌入疾厄，婚姻感情的忌也進來了，加重破壞力。

（五）、大破財：

1、遷移己文曲忌入子女、父母甲太陽忌入子女。

2、田宅丙廉貞忌入官祿，逢生年丙廉貞忌入事業，轉忌入子女，這樣子田線上四忌，挾四忌入疾厄。

3、跟財帛的二忌，也辛文昌忌入疾厄，一共六忌共破父疾線。

4、忌愈多，就會損失嚴重，尤其串聯「偏財星的忌」，跟田宅的忌、遷移的忌之類的。所以損失慘重。

三、命例3：男命犯小人被利用、借了高利貸。2014年命例。

學生乙：命主借了200多萬的高利貸，身為醫院中層。

周星飛：1、交友坐生年甲太陽忌，是重情義之象，容易耳根子軟，也是朋友多固執，業障重，跟你情投意合的朋友，都要小心是債主上門，再轉

丙廉貞忌入命，劫了命宮的生年甲廉貞祿，父母宮（金錢往來位）再甲廉貞祿來會，是好心被利用，而且是被騙財之象。

2、主要遷移再丁巨門忌入交友，父母甲太陽忌入交友，遷移父母交忌，更是無理智之象。

3、交友宮多忌，沖兄弟。除了把財庫沖光光之外，人生很多事都會「歸零」從頭再來。

4、以前就看過幾個類似的命盤。有一個女命，被甲男騙了，然後，玩玩之後，甲男把她甩了。然後乙男說：我能幫妳跟甲男復合。但是代價是陪乙男上床。她也說好。然後復合成功了又在一起。一陣子之後，女命又被甲男甩了。然後女命就跟乙男在一起。超瞎的劇情。兩個命盤都很像，只是一個被劫財，一個被劫色。都是「廉貞祿被劫」的事。

5、遷移丁巨門忌入交友，夫妻辛巨門祿入交友，這個也是容易感情上被設計之象。只是男人比較少說被騙色。不過，照這個飛化，也一樣感情有被騙之象。

四、命例4：傷不起的桃花劫。

此命盤的女主07年被人亂砍，她心臟、手臂、肚子、大拇指都受傷了。出於隱私我們也不知道為什麼被人砍了，來看看周老師是怎樣分析的吧！

學生庚：老師，我同學的盤 07年被人捅幾刀，是不是因為遷移的忌？

周星飛：你想，交友有雙忌以上，夫妻的生年甲太陽忌，會不會因為感情的事出問題了？

學生庚：07年，她和一個大10歲男的在一起，那個有女朋友，對方也知道我同學的存在。

周星飛：當然是生年忌跟命忌所組成的大問題，忌入交友，沖兄弟，可能傷到中氣，而且沖大限的命，07

天相 文曲 左輔 己巳 田宅宮	天梁 庚午 官祿宮	廉貞(祿)[忌] 七殺 辛未 交友宮	壬申 遷移宮
巨門 戊辰 福德宮	甲子年 女命 12年前，24歲 07年被亂砍	桃花多而雜亂 大限命在兄弟 流年命宮在子女	文昌[科] 右弼 癸酉 疾厄宮
紫微 貪狼 丁卯 父母宮			天同[祿] 甲戌 財帛宮
天機 太陰 丙寅 6-15 命宮	天府 丁丑 16-25 兄弟宮	太陽(忌) 丙子 26-35 夫妻宮	36歲 武曲(科) 破軍(權) 乙亥 36-45 子女宮

忌↖ 權↙

年大限命在兄弟宮，我想可能不只這個問題吧？而且遷移跟夫妻交祿，異性緣好，爭風吃醋少不了的。像這種可能早早就有感情上的問題了。

學生庚：她不到20歲時，差點被她的親戚強暴了。是不是命宮、夫妻丙廉貞忌入交友？

周星飛：1、命盤就存在有桃花劫，命丙廉貞忌入交友，逢生年甲廉貞祿，是她去劫人家。夫妻宮生年甲太陽忌，轉丙廉貞忌入交友，這個感情債很多的。廉貞忌越重，桃花劫的機會越多，還有血光重。

2、遷移宮壬天梁祿入官祿宮，轉庚天同忌入財帛宮，逢夫妻丙天同祿來會，遷移跟夫妻交祿在財帛，異性緣能帶來金錢的。當然也容易有債上身，一方面有很多機會一方面又有債，男朋友不缺的。只是夫妻是債，所以就要小心桃花債。

3、夫妻忌入交友，妳的另一半容易讓朋友有忌，比如說，這個男人長得不夠帥，朋友就會一直說：不夠帥，這個男人沒錢，朋友就會一直說，沒錢的男人，這個男人品德不夠好，一樣會讓朋友覺得有忌。反正她交的異性朋友就會讓朋友不認同。

學生庚：我同學她交的這個人，所有同學都覺得不好、不值得。人品不好，還比我同學大10歲。

周老師：1、借盤看，另一半的命福德丙廉貞忌入交友，逢生年甲廉貞祿，逢夫妻甲廉貞祿來會，這個男人容易重情義，還帶桃花，還雙廉貞祿、雙廉貞忌。加上夫妻又是甲太陽忌入原命夫妻，逢生年忌，夫妻成雙忌，這個感情債也很重。所以，這個命主感情債的情況假設是10分，她的另一半是她的雙倍，也很多異性也很多債。所以這個命主被砍，這個男的一樣會被砍。

2、遷移跟夫妻交祿，是異性緣好。遷移壬天梁祿入官祿照夫妻，一樣也是異性緣好，這個還有口才好之象。

3、遷移壬武曲忌入子女，轉乙太陰忌入命，這個也有宅女跟少自信的個性，不善交際。遷移忌入交友三方，叫不善交際。

4、父母丁巨門忌入福德，轉戊天機忌入命。遷移壬武曲忌入子女，轉乙太陰忌入命，父母跟遷移破，所以，也容易有些呆、少根筋、學習有問題、名聲有問題、產生名份上的問題。

5、子女跟夫妻的生年忌，破在交友，有太陰忌廉貞忌。這個容易有婦科病，子女宮跟太陰忌有關，容易荷爾蒙分泌少，子女跟廉貞忌有關，容易血光、發炎、化膿。

6、忌入交友沖兄弟，會傷元氣的，拿小孩失血，拿掉子宮、像被砍都傷元氣。所以，非死即傷。一氣生死訣。

本身是渣男女，或是遇到渣男女的命盤

夫妻忌入父母、遷移，或是夫妻跟父母、遷移交忌：感情上的想法、觀念有偏差，或是主動去騙人，或是認識人的功夫太差，被騙。也是桃花劫財劫色。

一、命例1：感情上行爲偏差：

(一)、家道中落之象：福德乙太陰忌入命，田宅甲太陽忌入官祿，轉乙太陰忌入命。福德跟田宅交忌了。疾厄戊天機忌入遷移，逢生年戊天機忌。命遷呈四忌之破。

1、沒有成家的念頭或是有想出家。

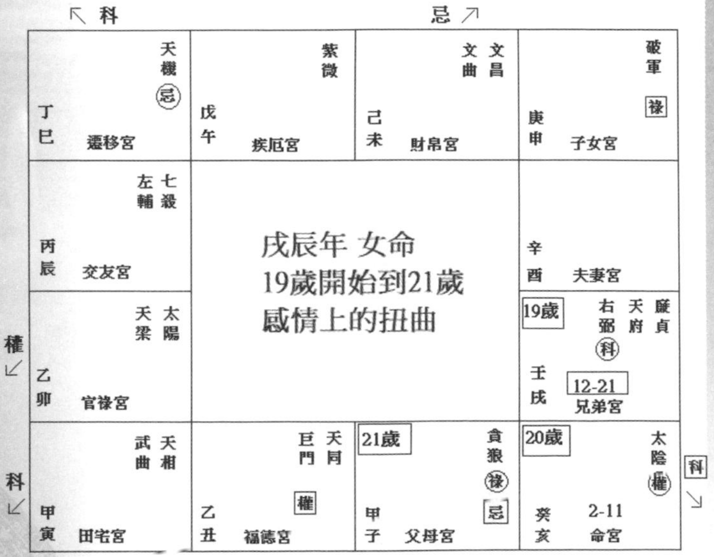

2、家庭的事情很多。
3、可能還有遇到邪門的事，天機忌加上巨門忌。
4、情緒行為都怪怪的。反社會人格的行為想法。

(二)、感情容易遇渣男：

遷移的丁巨門忌加上夫妻宮辛巨門祿，這個是感情上被騙的標準飛化。
1、命主20歲開始上網找男朋友，結果交了一個玩完了被甩，她再繼續玩，還找到一個會算八字的男朋友，但是男朋友心術不正，她被玩弄之後想要分手，那個男朋友告她官司之類的，結果上了很多次的法院。
2、還有她也去告別的男人，因為有交往一個男警察，到處找女網友劈腿的，在網路上當男蟲。她不甘心就去告這個人。
3、第二大限的時候，她都上網交朋友，也經常說：網友要找她開房，她說只要網友出房間錢就會去，而且她指定要那種休息也要兩千元台幣的那一種。反正，踏父母宮是大限命宮的時候，真的很像被鬼附身一樣。天天在講她的感情事，開房間的事，真是卡陰了。
4、還有一個重點：女命主本來是信佛教，後來改信基督教。很奇特的轉變，主要還是遷移有生年戊天機忌，轉丁巨門忌入福德。天機忌和巨門忌基本上也是邪教多。不過福德乙天機祿入遷移這個還是有善的宗教。

5、這個女生也是很標準的阿修羅女。命宮、福德宮多權忌，也脾氣大，易怒。然後，命遷見多忌，也是人生有迷迷糊糊的時候，也有反社會的人格傾向，叛逆的個性。

二、命例2：命主離過婚一次，說是被劈腿而且對簿公堂。2017年命例。

學生甲：老師，夫妻、遷移、父母、交忌，一定是遇到渣男女嗎？

周星飛：容易是。夫妻財帛己文曲忌入兄弟。福德癸貪狼忌入兄弟，父母壬武曲忌入交友，遷移丁巨門忌入命，轉辛文昌忌入交友。所以，兄友線上太多忌了。一定也有他感情上、賺錢上EQ低的時候。當然桃花劫財劫色也很正常的。

學生甲：夫妻祿入交友，轉忌入父母，感覺他還是很討女生喜歡的。他離過婚一次，說是被劈腿，而且對簿公堂了。我覺得他本人情商還挺高。

周星飛：夫妻、遷移、父母、交忌，這樣飛化另一個解釋，也就是說，他對於女性得好壞判斷是沒有戒心、沒有標準的。父母、遷移，是智慧跟理智的宮位，交忌容易被騙也很正常。新對象是公司同事嗎?官祿忌入夫妻。工作變感情。

學生甲：是他老家的同鄉、同在外地，也是大學同學，是閃婚的，2017年中的時候。老師，還想問下您，2017年他再婚，要怎麼看啊！是父母的忌劫了夫妻的祿嗎?

周星飛：理論上這次的比較幸福。因為遷移丁太陰祿入夫妻（流年遷移）的祿相應了。福德（流年夫妻）癸太陰科入夫妻的科也相應了，所以，應該會對另一半好一點。還有，另一半也比較直率跟固執。官祿宮的生年忌，等於另一半的遷移宮有生年忌，另一半有直率的個性，再轉乙太陰忌入夫妻，

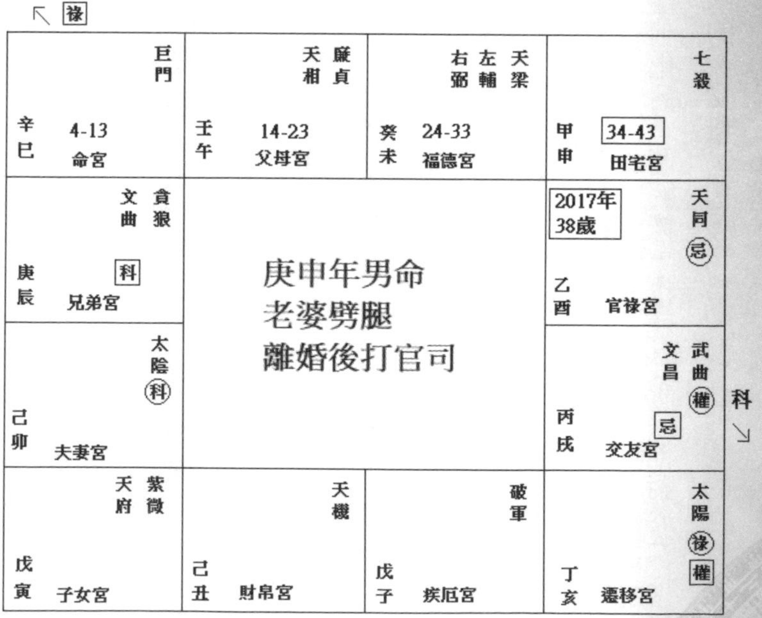

也等於另一半的命宮有忌，固執。

學生甲：對的，另一半性格挺衝的，但是他們經常吵架，戀愛的時候也常吵，分分合合不知多少次了。

周星飛：因為生年科在夫妻、感情拖拖拉拉的、纏著。還有也可能是「舊愛」。遷移祿入夫妻，也容易有意外的婚姻。

三、命例3：桃花劫色、感情上跟金錢扯上關係。

學生甲：所以我斷，應該是被包養了，命主回饋：大學開始一直到現在都是。然後命主確實被非禮強暴過，桃花雙忌威力太大。夫妻宮帶著兩個忌入了父母，這是地下情的飛化。

疾厄串聯，就容易被非禮，因為廉貞、貪狼兩個桃花星都化忌，肯定有爛桃花的。

周星飛：疾厄是疾病加上災厄，所以，也

貪狼 廉貞 祿（方框） 辛巳 交友宮	巨門 壬午 遷移宮	天相 癸未 疾厄宮	天同 忌（圈） 天梁 甲申 財帛宮
科↖ 太陰 科（圈） 權（方框） 庚辰 官祿宮	庚午年 女命 被包養 有遇過桃花劫		武曲 權（圈） 七殺 乙酉 子女宮
天府 右弼 科（方框） 己卯 田宅宮			太陽 祿（圈） 丙戌 26-35 夫妻宮
戊寅 福德宮	紫微 破軍 文昌 文曲 己丑 父母宮 ↙忌	天機 戊子 6-15 命宮 忌（方框）↘	左輔 30歲 丁亥 16 35 兄弟宮

可能桃花病或是桃花劫，夫妻忌入父母、遷移，又逢貪狼忌廉貞忌，也容易感情是非，桃花犯傻的情況。

學生甲：對對對、傻傻的，以上結合就是風花雪月的感情。

夫妻化天同祿入財帛，逢財帛生年忌，典型的得異性財，肉包子打狗。所以我斷，應該是被包養了。命主回饋，大學開始一直到現在都是，命主打過兩次胎，也是容易懷孕的體質。但是加上子女的祿被福德忌吃，命宮自化忌，所以孩子不保，流產一次，打胎一次，命、福德化貪狼祿入交友，轉忌入父母。長相美麗，也有競爭力，同時照兄弟，身體很健康，打胎兩次，身體沒什麼重要的毛病。最主要這個飛化容易有動物仙、菩薩護身，命太陰權入事業宮，又有生年科，我猜應該是送子觀音之類的。

四、命例4：第三者幫男朋友賺錢。2018年命例。

學生甲：老師，這個盤田宅與大限田宅交忌又交祿，福德與大限福德交忌又交祿，到底財運要怎麼看呢？

周星飛：這樣子財富的起落就很大了，有好也有壞的。命理本來就不是「1減1等於0」這種結論的。

學生甲：明白，我都看暈了，她現在自己和別人合夥創業。16年創業，這幾年財富增

紫微 七殺 辛巳 官祿宮	壬午 交友宮	癸未 遷移宮	甲申 疾厄宮
天機 天梁 科 庚辰 田宅宮	庚午年 女命 開公司當老闆 男朋友偷公司的錢		破軍 廉貞 乙酉 財帛宮
天相 己卯 福德宮			2018年 29歲 丙戌 子女宮
太陽(祿) 巨門 文曲 忌 戊寅 父母宮	武曲(權) 貪狼 右弼 左輔 己丑 6-15 命宮 ↙權 祿↙	天同(忌) 太陰(科) 文昌 戊子 16-25 兄弟宮 ↘權	天府 丁亥 26-35 夫妻宮

長快，應該是財帛宮有兩顆偏財星。

周星飛：今年流年踏子女宮，丙廉貞忌入財帛，轉乙太陰忌入兄弟，又逢生年庚天同忌，田宅庚天同忌入兄弟，所以，今年也有賺錢辛苦的時候，或是因為子女忌入兄弟透過財帛，所以，也可能合夥人在爭搶地位、現金。

學生甲：明白，她的合夥人是她男友。

周星飛：子女也可能是下屬，比如說：員工就上下其手了，拿公司的東西出去賣了，公司就虧了。

學生甲：公司有小偷，子女丙廉貞忌入財帛，廉貞忌是代表偷的錢多嗎？也有可能是合夥人要帶走大量的錢。

周星飛：是的，偏財星見忌，虧數量就大。比如說：男朋友也可能或是下屬也可能。

尤其是去年，田宅庚天同忌入兄弟（流年田宅）都相應了。

學生甲：有，覺得男朋友的可能性大。

周星飛：但是財帛（流年兄弟）乙天機祿天梁權入田宅，轉庚天同忌入兄弟，也相應兄弟的祿了，祿轉忌也相應了。所以，財富上，有好的飛化，也有壞的飛化。

學生甲：是的，太準了。還有她的男友是有老婆的。

周星飛：我剛才看夫妻丁巨門忌入父母，福德命己文曲忌入父母轉戊天機忌入田宅，這個是養小白臉的飛化。

學生甲：但是她男友給她錢創業的，她男友應該不是那個小白臉。

周星飛：夫妻丁太陰祿天同權入兄弟，轉戊天機忌入田宅，也有讓她的兄弟、田宅得祿權，所以，一方面有好的幫助、一方面有壞影響。所以，男朋友到底是好、是壞？其實都有。不過，因為是忌入田宅，所以，好事、壞事都很長久。

學生甲：對她來說，現在的男友有好有壞。

周星飛：比如說，當小三也當很久的，不會只當一兩年的。

學生甲：應該是的，他們有經濟上的利益，老師說她有養小白臉的飛化，也可能以後她真的那樣。

周星飛：當然男朋友拿點錢走，也是合情合理的。不過，也怕男朋友去簽了什麼「支票」、借錢（父母宮的忌），留一堆的債給她，也是可能的。

學生甲：她不是公司法人，她男友是法人。我覺得她25到34這十年，好的時段已經過了，開始走下坡了，畢竟，她的田宅與大限田宅的忌相應了。那她25到28這幾年，她的財富快速增長，也應該是田宅、兄弟的祿的相應。

周星飛：有相應忌，也有相應祿的，所以，起落很大的，你只能提醒她一下，千萬要留點錢在身邊的。

學生甲：我會提醒她的。老師，今年哪個月她男友會拿走錢呢？看月份的相應還不太明白？

周星飛：從二月開始都相應田宅、福德的忌的。福德是2月的流月田宅忌轉忌入田宅，命宮也是，踏父母轉忌入田宅（流月福德），所以，我猜應該就從2月開始，問她是不是開始帳目不清了，巨門忌、文曲忌至少三忌在父母。

學生甲：她說今年開始帳目就有點不清了。

周星飛：所以，她自己要注意一點了，因為忌入田宅，也是有長期的麻煩的。所以，不要用她的名字去簽什麼，然後自己也要留點錢在身邊，萬一男友把公司弄垮了，還有點錢可以從頭再來。

學生甲：牽扯了利益的感情最麻煩，好的，我提醒她。我們朋友其實都勸她和現在的男友分了。

周星飛：因為任何事忌入田宅，都會搞很久的。而且最怕就是還負債的，搞到自己還虧錢進去，這個大限田宅的忌相應，就有窮或是節儉的意義。

學生甲：是的，她的盤很有特點，夫妻丁巨門忌入父母，男友有家庭，以後我見到像她這樣的盤可以直斷了。

周星飛：2忌才更容易，尤其是遷移、福德、田宅之類的忌更容易一點。

學生甲：夫妻丁巨門忌入父母，容易有地下情而已吧！老師的意思是福德、遷移、田宅，再化忌入父母？跟夫妻交忌？

周星飛：是的。多宮位的組合解釋，這樣子可能發生的情況會更明顯一點。一忌的斷法，可能太武斷了。

五、命例5：女命，網路遇到男人騙財騙色。懷孕之後，男人就跑了。

1、夫妻丙廉貞忌入父母，感情上笨笨的。逢財帛甲廉貞祿來會，夫妻劫了財帛的祿，所以，被騙財騙色。

2、轉己文曲忌入夫妻，子女乙太陰忌入官祿，福德庚天同忌入官祿，感情跟小孩無關，所以，一懷孕，男人就跑了。

3、福德以庚天同忌入官祿，逢夫妻丙天同祿來會，這個也一定有想快速結婚、閃婚之象，只不過感情上笨笨的，所以，很容易心情急躁就上賊船，吃虧上當了。

4、不過也有好婚姻的。夫妻丙天同祿入官祿，逢生年丁天同權，轉壬武曲忌入交友，逢父母己武曲祿來會、福德庚武曲權來會，這個夫妻跟父母交祿，除了長相還不錯之外，也會有好的婚姻的。

5、不管是什麼「被騙」騙財騙色，都只是社會經驗的一部分，這個大家都要學習著。

紫微 七殺 乙巳 子女宮	文曲 丙午 夫妻宮	丁未 兄弟宮	文昌 戊申 5-14 命宮
天機 天梁 科 忌 甲辰 財帛宮	丁卯年 女命		破軍 廉貞 己酉 15-24 父母宮
天相 癸卯 疾厄宮	網路被騙色 懷孕之後男人跑了		庚戌 25-34 福德宮
太陽 巨門 右弼 忌 科 壬寅 遷移宮	武曲 貪狼 祿 癸丑 交友宮	天同 太陰 左輔 權 祿 權 壬子 官祿宮	天府 33歲 辛亥 田宅宮

科↖ ↙忌 科↘

六、命例6：男小王，爭大位。

學生甲：老師，結婚，父母宮跟夫妻宮交祿權、自化權可以嗎？隨便拿了個盤驗證的確如此啊！

周星飛：也是有用。「自化」是一個「不定數」，就是自己會發生的，但是又不確定，突然想到就嫁娶、結婚了。

福德甲太陽忌入疾厄，再轉丁巨門忌入父母，這個先有預謀、沉默之後，然後再急躁的個性，喜形於色，口舌是非。但是逢父母的生年巨門權。就會想爭權，大聲說話，抓到夫妻宮的庚太陽祿入疾厄，這個就有急躁想結婚之象，所以就像是「女小三、男小王」要爭大位。

學生甲：還真是呢！這個男的能爭上嗎？娶了屬雞的，但是已離婚。小三屬豬，看來生年權很厲害。

2013年 31歲 太陽 丁巳 疾厄宮	破軍 祿 文昌 戊午 財帛宮	天機 己未 32-41 子女宮	紫微 權 天府 文曲 庚申 22-31 夫妻宮
武曲 忌 左輔 科 丙辰 遷移宮	癸亥年 男命 小王爭大位 2013年的時候		太陰 科 辛酉 12-21 兄弟宮
天同 乙卯 交友宮			貪狼 忌 右弼 壬戌 2-11 命宮
七殺 甲寅 官祿宮	天梁 祿 乙丑 田宅宮	廉貞 天相 甲子 福德宮	巨門 權 癸亥 父母宮

權↘

↙權　祿↘

第二十二課

容易吃回頭草，或是舊愛常常來找

1、夫妻宮有祿權，舊愛不如新歡。

2、夫妻宮有科忌，新歡不如舊愛。

一、命例1：學生乙自己的命例，舊愛常常回頭要錢。2014年命例。

周星飛：命祿入夫妻，逢遷移的忌來會。要怎麼解釋這個「祿隨忌走」狗來咬包子的情況？

1、遷移的忌到底是劫了命主的祿？還是劫了另一半的祿？誰劈腿了？我的答案是「都可能」。

2、如果命主跟你說「我沒有感情啊！哪來得劈腿之說？」這個就要解釋，你感情上要小心被設計而成的，有人居心不良來劫你的感情，跟你在一起的對象肯定不懷好意的。

3、那當命主有了感情之後：

（1）、也可能他自己又有其他的追求者。

（2）、也可能他的另一半，也有其他的追求者。也還是把「命主或是命主的另一半」劫走了，那至於誰「劈腿」其實都是可能的。

4、那這種命例常見在「遷移是丁、遷移是乙」的命例之上。因為「夫妻是辛巨門祿，遷移是丁巨門忌」這種飛化的組合，感情上就被遷移的忌給劫了。

5、這個命例在學生乙就很明顯的，他本身就是這個命辛巨門祿入夫妻，

2013年 25歲 巨門 祿 科 文曲 忌 己巳 25-34 夫妻宮	廉貞 天相 庚午 15-24 兄弟宮	天梁 科 辛未 5-14 命宮	七殺 壬申 父母宮
貪狼 權 右弼 戊辰 子女宮	己巳年 男命 分手之後 女方還回來要錢		天同 文昌 忌 癸酉 福德宮
太陰 丁卯 財帛宮			武曲 祿 左輔 甲戌 田宅宮
紫微 天府 丙寅 疾厄宮	天機 丁丑 遷移宮	破軍 丙子 交友宮	31歲 太陽 權 乙亥 官祿宮

忌↖ 祿↖↖科 祿↙ 科↘ ↙科

逢遷移是丁巨門忌來會，感情上就被遷移劫了，一定要劫到夫妻才算。所以，他一直口中念念不忘的前女友，還是不斷的回來找他拿些好處的。然後很奇葩的是，在一起幾年了就沒上過床，然後分手之前拿他錢，分手之後還回來繼續找他拿錢。所以，奇葩啊！

學生乙：開心裡有很大不開心，因為我沒談過非單親家庭以外的女孩，全部都是家裡各種奇葩事件。巨門忌嘛！

周星飛：這麼多忌入夫妻，又自化忌，我的建議「守身如玉」。不要再有愛情了。不過，生年忌入夫妻會有債主，沒有感情會覺得寂寞。還是會有對象來找他，或是他去找對象。

學生丙：老師，那學生乙師兄這輩子就這樣了嗎？還是過了業力也能好？

學生乙：那得大限過掉，本大限比較慘。我是覺得，跟她分手後，就跟離婚沒區別。男人實幹點沒壞處。她跟我一起的時候，都是我收拾屋子，做飯買菜。

周星飛：個性決定一切的。要是我的話就守身如玉了，一切關門謝客。就沒有「前女友」不斷的來要錢，來糾纏不清。

學生戊：好奇怪，我夫妻自化忌，分手了，我從來都不會聯繫，就一切都斷了，你怎麼就斷不了。

周星飛：1、因為夫妻宮的命科，那種本身的拖拉與綿長，雖然可以代表新歡不如舊愛，還是覺得舊愛比較溫情，但是，綜合來看，其實並不表示會與舊愛有舊情復燃的實質舉動。

2、命宮辛文曲科入夫妻，你自己也是拖拖拉拉的，要死不活的想要解忌？想著用柔情化解冷漠的冰山？

3、夫妻宮有生年忌。對舊愛還是比較好的。感情一定很重視的。

4、遷移丁巨門忌入夫妻，逢生年己文曲忌，也是反社會人格的感情思想。這個社會是「高帥富、白富美」為主流的想法，這種人肯定不是以主流為標準的。

5、所以，透過別人的命盤跟他們的故事，可以讓紫微斗數理解得更清楚。

第二十三課

長相漂亮、帥、身材好的命盤

一、父母宮是先天長相臉形、言語態度的解釋：

1、父母宮有祿：聰明美麗笑容多、記憶力強。長相比較好看，圓形臉。

2、父母宮有權：威武霸氣、講話佔上風、嘴巴不服輸。長相比較四方，國字臉。

3、父母宮有科：文質彬彬、輕聲細語。長相比較文雅秀氣，書生樣，瓜子臉。

4、父母宮有忌：嚴肅刻板不說話、想法短淺、說話粗魯或是不說話、冰山美人。或是臉上多缺陷、長相醜、臉型不規則、多角形。

二、遷移宮是後天的修養打扮：

1、遷移宮有祿：打扮比較順應時代潮流、流行感。

2、遷移宮有權：打扮比較誇張、霸氣。

3、遷移宮有科：打扮比較秀氣，漢服小姊姊、唐裝書生樣。

4、遷移宮有忌：打扮就不得體，另類奇特，不管他人的眼光。

三、任何一宮四化入父母，都也會有「不同的臉色、改變裝扮服飾、腦子思考改變」這種效果的。

1、夫妻化祿入父母：桃花舞春風，遇到好的對象，就笑臉迎人。女為悅己者容。

2、官祿化祿入父母：講到工作臉上就得意的笑。腦子轉得快，上臺表現好，讓長官滿意。

3、田宅化忌入父母：講到家裡的事，就絕口不提，或是臉色變難看。

4、衣服、配件的打扮：父母宮的串聯。

(1)、紫微：貴族打扮。有氣質，男的西裝，女的洋裝。

(2)、武曲：比較帥氣、金屬飾品多。

(3)、貪狼：隨性搭配多。帥氣。流行的漢服小姊姊。

(4)、廉貞：配戴閃亮亮的飾品。衣服也會露胸、露腰、露身材。

星性的特點會影響得很明顯。

四、其他長相、身材的綜合看法：

1、以貪狼、廉貞、太陰來研究。

(1)、父母宮貪狼祿：長相有古典氣質，琴棋書畫，或是貪狼祿的氣轉忌入父母，也有同樣的功效。

(2)、父母宮廉貞祿：媚力十足會放電，前凸後翹身材好、腰細水蛇腰、才華好。

(3)、父母宮太陰祿：頭髮黑、皮膚白嫩，古典美女型。

(4)、通常研究「白、美、帥、媚」就會看這三個星，其他的星化祿科也會有美麗的效果。

2、虎背熊腰的身材：串聯兄弟宮的祿權就容易胸膛厚之象。因為兄弟講的是中氣位，主胸膛的中氣。所以，兄弟宮有祿權容易胸口厚實。相學裡講的是「虎背熊腰」。如果，兄弟宮有生年忌，就容易中氣不足，胸膛很薄。

3、女性講罩杯大，子女宮串聯父母宮，串聯廉貞祿、太陰祿之類的就會比較「大、白、好看」。因為，乳房也是一種生殖系統的連結。

4、父母宮有忌，長相醜有不同缺點。跟星性有關的，廉貞忌可能就多長痘子、皮膚發炎過敏。武曲忌少門牙、門牙不正、暴牙、胸骨凸出或是凹陷。文昌忌多斑點，雀斑、老人斑。天機忌在禿頭少毛。巨門忌在嘴型不好看，歪嘴、尖嘴。太陰忌在皮膚慘白、頭髮變白灰。太陽太陰忌在眼睛有問題、近視散光深、鬥雞眼。父母宮是疾厄宮的遷移宮，所以是肉體的外在表現宮位。

5、學生問：廉貞忌也可能是皮膚容易過敏嗎？

周星飛：會的，父母宮是生年丙廉貞忌的一個學生，前幾年都一直花很多錢在面膜上，也曾經面膜中毒過。有的人可能會去整容，廉貞忌招血光。用盡任何方法都要讓臉變美。父母宮自化忌，也可能會整容。不過，現在的社會，男女都愛美保養，整容的問題也是正常的。

6、學生問：我這個大限命，化廉貞祿入父母，笑容美一點。

周星飛：身材可能會變好，運動一下可能就會胸大、腰細、屁股翹。廉貞祿就會有媚力多了。本命、大限命、流年命化廉貞祿入本命父母宮，可能讓身材再發育、長相再調整的。所以，不同的大限、流年都會改變身材、長相的。千萬不要問說「武曲祿、廉貞祿之類的長得如何」，因為，同樣的命盤也不一定長得一樣，所以，身高、體重、長相是不好研究的題目。但是可以猜、未必準。

命例一：女模特兒的命盤：廉貞祿加上遷移交友夫妻有關。

周星飛：這個是一個模特兒。

1、父母、田宅辛巨門祿入夫妻宮，逢生年辛巨門祿「照事業」，三個巨門祿，轉戊天機忌入財帛，逢疾厄乙天機祿入財帛，天機四祿，轉丙廉貞忌入父母，逢遷移甲廉貞祿來會。廉貞有五祿在父母。廉貞五祿在父母宮之後，轉辛文昌忌入遷移。遷移疾厄夫妻交巨門祿、天機祿，交廉貞祿在父母，廉貞祿轉辛文昌忌入遷移，這個會讓廉貞祿的氣，分別在父母跟遷移都有影響的。一定長相還不錯。

↖祿 ↖忌 權↗

武曲 破軍 [權] 癸巳 交友宮	太陽(權)[祿] 文昌(忌) 左輔 甲午 遷移宮	天府 乙未 疾厄宮	天機 太陰[科] 文曲(科) 右弼 丙申 財帛宮
天同 [忌] 壬辰 官祿宮	辛酉年 女命		紫微 貪狼 丁酉 子女宮
辛卯 [35-44] 田宅宮	女模特兒的命盤		巨門(祿) 戊戌 夫妻宮
庚寅 25-34 福德宮	廉貞 七殺 辛丑 15-24 父母宮	天梁 庚子 5-14 命宮	[39歲] 天相 己亥 兄弟宮

2、不是廉貞在父母的，就一定多漂亮，最好有夫妻、遷移、福德這種果報宮位，多祿串聯廉貞化祿在父母、遷移，才會發揮大作用。

學生甲：是不是巨門祿才顯高？

周星飛：疾厄祿入父母就有高，比如說，同樣高的命盤，同類型的命盤做比較，就容易找出相通的飛化。

遷移甲廉貞祿入父母，也是一個善交際、表演上臺，廉貞祿，美麗性感。。遷移甲破軍權入交友，逢交友癸破軍自化祿，也是競爭力強，轉癸貪狼忌入子女，逢夫妻戊貪狼祿來會，轉丁巨門忌入夫妻，逢生年辛巨門祿，父母、田宅辛巨門祿來會，這一路的氣很長，交祿權的組合也很漂亮。這個也是有出眾的領導力。（遷移的權加上交友的祿，等於領導力）

遷移權入交友，逢交友自化祿，這個人競爭力強大，加上父母宮的廉貞祿，也是貴人提拔多，當然當模特兒是合理的。競爭力強、有貴人來提拔的，才能這在這個行業做得久的。

命例二：冰山美人身材好的公務員。

1、命宮丁太陰祿入兄弟，逢生年太陰科，轉丙廉貞忌入命，逢子女宮甲廉貞祿來會，再轉丁巨門忌入父母。父母的巨門祿，串聯兄弟宮的太陰祿科，串聯子女宮的廉貞祿，所以，臉蛋漂亮、身材好、胸大。

2、父母戊貪狼祿入命，轉丁巨門忌入父母，父母的巨門祿，也串聯上了貪狼祿，所以也是有氣質的一面。

3、命丁巨門忌入父母轉戊天機忌入疾厄。平常都是嚴肅不愛笑。冰山美人。

命例三：學生提供，高級俱樂部女郎（別思想偏臭、嗜血八卦）。

學生戊：分享一個盤，高級風塵女子。頭牌小三啊！

1、遷移（社會規範）丙廉貞忌入命，子女（性）己文曲忌入命，破在命宮，廉貞忌文曲忌，風流。

祿↗（財帛宮上方）

祿↖、祿↙（交友宮、官祿宮左側）

辛巳 遷移宮	天機 右弼 科 壬午 疾厄宮	紫微 破軍 癸未 45-54 財帛宮	左輔 甲申 35-44 子女宮
太陽 祿 庚辰 交友宮	庚戌年 女命	冰山美人 公務員	天府 乙酉 25-34 夫妻宮
武曲 七殺 文昌 權 己卯 官祿宮			太陰 科 祿 丙戌 15-24 兄弟宮
天同 天梁 忌 權 戊寅 田宅宮	天相 己丑 福德宮	巨門 忌 戊子 父母宮	貪狼 廉貞 文曲 50歲 丁亥 5-14 命宮

2、疾厄丁太陰祿入子女，也是膚白，水多，身體有女性美。

3、父母天梁祿，長得好看，比較清秀。

4、交友乙太陰忌入子女，劫了疾厄丁太陰祿。武曲生年忌須要再轉忌，與疾厄（肉體慾望）破在兄友線。太陽忌不見光，巨門忌是非暗曜，轉忌與父母（道德規範）破在夫官線，又見貪狼忌桃花。

5、父母（長相）與田宅（大財富）癸破軍祿入遷移，破軍偏財曜。

官祿甲破軍權來會，再轉丙廉貞忌入命，又逢官祿甲廉貞祿來會。壬武曲忌入官祿，追子女己武曲祿來會，夫妻庚武曲權來會，再轉甲太陽忌入交友，又夫妻、異性庚太陽祿來會。轉乙太陰忌入子女，逢疾厄丁太陰祿來會，財帛戊太陰權來拱，田宅父母癸太陰科來會，最後己文曲忌入命。也是會賺錢、長相好看。

科↗　科↖　祿↘

太陽 乙巳　交友宮	破軍 丙午　遷移宮	天機 丁未　疾厄宮	2016年 25歲 紫微 天府 權 權 戊申　財帛宮
武曲 右弼 忌 忌 甲辰　官祿宮	壬申年　女命 高級風塵女 別思想偏臭 也可能是富二代 或是創二代		太陰 己酉　子女宮
天同 癸卯　田宅宮			貪狼 左輔 科 科 庚戌　23-32　夫妻宮
七殺 文昌 壬寅　福德宮	天梁 祿 祿 癸丑　父母宮	廉貞 天相 文曲 壬子　3-12　命宮	巨門 辛亥　13-22　兄弟宮

周星飛：主要這個盤是有錢的命盤，不做風塵行業，做個明星也一樣可以是有錢的。

命盤上其他的特點：

1、命福德壬武曲忌入官祿，逢生年壬武曲忌，轉甲太陽忌入交友，疾厄丁巨門忌入兄弟，命福德疾厄生年忌，交四忌在兄友線上，有不長命之象。

2、巨門忌加上太陽忌，心臟病、腦中風。

3、巨門忌加上太陽忌加上疾厄，生病、意外災難都可能。巨門忌也是毒品，吸毒過量就掛掉了。

4、還有不要思想偏臭，萬一，命主是個千金小姐、富二代，你說命主是個高級小三，人家還不氣炸？不要養成八卦、嗜血的算命心態。面對這種命例，思想不要偏臭了，同樣的命盤未必是高級小三啊！

命例四：學生的哥哥，小牌男藝人、演藝人員。

1、命宮辛巨門祿入疾厄（懶、愛說話），轉丙廉貞忌入遷移（EQ位、待人處世），逢交友（競爭位）甲廉貞祿來會，轉乙太陰忌入交友，又逢生年丁太陰祿，財帛也丁太陰祿來會。

2、遷移宮多廉貞祿，交友宮多太陰祿，這是人氣很旺之象。所以，會有紅的一天。

3、遷移交友串聯廉貞祿加上太陰祿，所以，打扮、裝扮、長相也是有其帥的一面。

4、串聯財帛的太陰祿，而且又串聯廉貞祿，所以，拍戲進賬也都收入很好的。

5、不過也有壞的事，財帛丁巨門忌入疾厄，逢生年巨門忌，轉丙廉貞忌入遷移。夫妻己文曲忌入官祿，轉癸貪狼忌入遷移，福德癸貪狼忌入遷移。至少四忌在遷移，這個有反社會人格傾向，或是變宅男的。而且桃花星見忌，也可能桃花一個都沒有，或是桃花很雜亂。這個桃花星見忌，也會影響演藝生涯的，造成沒有人氣。

廉貞 貪狼 乙巳 遷移宮	巨門 忌(圈) 祿(框) 丙午 疾厄宮	天相 丁未 財帛宮	天同 權(圈) 天梁 戊申 子女宮	
太陰 祿(圈) 甲辰 交友宮	丁卯年 男命 學生的哥哥 小男模小明星		武曲 七殺 己酉 24-33 夫妻宮	祿↗
天府 文曲 科(框) 癸卯 官祿宮			太陽 權(框) 庚戌 14-23 兄弟宮	祿↘
右弼 壬寅 田宅宮	紫微 破軍 癸丑 福德宮	天機 科(圈) 左輔 壬子 父母宮	文昌 33歲 辛亥 4-13 命宮	忌↘
	↙祿	↘科		

命例五：身材好的第三者想轉正。2014命例。

學生庚：我一個好朋友，問感情。

周星飛：福德好多忌呢！這個也容易有點偏執，也是小公主型的。命以癸貪狼忌入福德，逢生年己貪狼權，這個就有阿修羅的個性，那福德有忌的，還是很挑剔各種事情的。再轉乙太陰忌入父母，就會「形於外」，所以一生氣就是臉色不好看了，所以你這個朋友應該很漂亮的，遷移有個武曲生年祿，EQ也很高，遷移再丁太陰祿入父母，這個就有「白」之象，而且EQ超高，很會看人臉色拍馬屁。

學生庚：對，胸好大。

周星飛：如果再從父母甲廉貞祿入福德，

己巳 財帛宮	2014年 26歲 天機 文昌 庚午 子女宮	紫微 破軍 祿 辛未 夫妻宮	文曲 忌 壬申 兄弟宮
太陽 戊辰 疾厄宮	己巳年 女命 身材好 小三想轉正		天府 癸酉 4-13 命宮
武曲 七殺 左輔 祿 丁卯 遷移宮			太陰 科 甲戌 14-13 父母宮
天同 天梁 科 丙寅 交友宮	天相 丁丑 官祿宮	巨門 權 丙子 田宅宮	31歲 貪狼 廉貞 右弼 權 忌 乙亥 24-33 福德宮

↙ 祿

轉乙太陰忌入父母，這個太陰祿還是串聯廉貞祿，才是白、美的樣子，太陰是白皮膚、黑頭髮這種美，廉貞是「肉感的美」，二者相加才會「美白胸大腰細屁股好看」。再轉甲太陽忌入疾厄，逢子女庚太陽祿來會，以前說過串聯子女宮的廉貞祿，就會有性荷爾蒙發揮作用的情況，所以就會產生「騷味」。這個就不太一樣了，有這種味道，男人看了都流口水了，就像餓狗看到肉一樣，這個荷爾蒙的情況還真的很特別，會散發一種聞不到但又是存在的味道。多看動物頻道就知道了。那你說要結婚？我看今年就準備要嫁了。

學生庚：人家是第三者能上位嗎？

周星飛：夫妻辛文昌忌入子女，父母甲太陽忌入疾厄，轉戊天機忌入子女，夫妻跟父母交忌了，有時候，感情上會犯傻的。

那能不能結婚？當然可以。她要房子（命癸巨門權入田宅），只要男人出得起（夫妻辛巨門祿入田宅），她要「權入田宅」積極的控制房子，或是家庭主導權。還有如果再往上來看財帛宮，財帛己武曲祿入遷移，又逢生年己武曲祿，這個是有發財之象，轉丁巨門忌入田宅，逢夫妻辛巨門祿來會，夫妻也是大限財帛，所以，錢跟男人有緣，而且交祿在田宅，很像發大財。而且田宅是大限父母，轉丙廉貞忌入福德，逢父母甲廉貞祿來會，都已經相應了。

田宅也是流年福德，相應本命福德，所以今年就準備要嫁了。

學生庚：她是第三者。

周星飛：1、跟第三者無關的，反正，結婚的對象是誰還不知道。如果有多個對象的話，要選誰？命宮癸破軍祿入夫妻，這個說她對每個男人都很好，父母甲破軍權來會，我看可能長輩要出面「權」一下了。男的第三者是不是結婚的對象？未必。不過我是認為父母的權、夫妻的祿相應是會風光大嫁的。而且我覺得應該很快了，但是可能就像你說的，第三者要先處理掉。

2、我認為應該是農曆6月就可能會分了，流月踏兄弟，子女帶著夫妻、父母雙忌之後，轉庚天同忌入交友，沖兄弟（6月），就可能產生分手之象，感情歸零。然後就會很快嫁掉了。

3、夫妻跟父母的忌也交忌了，這個就是有感情上的傻。不過兄友線多忌，即使她是第三者，也不可能天天跟這個男人住一起，也是容易分隔兩地、分床分房的，將來再嫁的時候也會有這個情況。所以這個農曆7月之後，就差不多嫁了，不會太久的，所以不管嫁給誰都會有錢的，也是福報很大。

4、不過這個貪狼權忌在福德，交友田宅丙廉貞忌入福德，福德都是「廉貞忌貪狼忌」，沖財帛，也是一種重享受、浪費的個性。我看這個家裡可能都是黃金馬桶的，也是閃亮亮的，一定會花很多錢在家裡。田宅忌入福德，這個家要花很多錢的，而且又是廉貞忌，還真的不是小錢，所以，設計師要賺錢去裝潢她家，保證賺大錢，她只要最好最貴，不用實用的。

學生庚：只要貴的，不要實用，是對的。

周星飛：所以，她是天上公主下凡來得，還有兄弟宮有生年忌，看人也是分三六九等的。還有財帛己文曲忌入兄弟，這個也是想創業做大事的。

命例六：老婆的今年的身材又提升一個杯。2016年命例。

學生癸：真沒見少折磨我的，我老婆情緒失控起來得吵架火爆到爆啊！手裡有什麼砸什麼，用手機直接砸我都壞了一個6P、一個5S了。我老婆的這個父母宮牛B吧！滿直接還飛忌到我這來。

周星飛：多唸經吧！迴向給老婆吧！少抱怨了。你老婆身材好啊！廉貞多祿，串聯子女宮，只能說媚力無法擋，你老婆今年身材可能又提升一個杯了。所以，你看她的身材就好了，剩下都不要看了。

學生癸：老師您是真不知道今年踏父母宮，砸手機、砸眼鏡、砸電視機遙控器。關鍵是那個砸的目標不是地上是我，人啊！我頭上都中過兩次傷了啊！她還覺得自己是對的沒錯。

周星飛：人都是看優點，你還能忍就繼續吧！對了下次記得戴鋼盔就不會受傷了。

學生癸：最讓我無言的是這樣：我說妳這樣不是解決問題的態度，怎麼樣的什麼。也不聽我說完，直接對我說：我就這樣了，你拿我怎麼樣！說得還特別理直氣壯。直接把我要說的所有後面的話憋回去了。因為她這句話是所有話題的終點，完全無法繼續後面的話。所有的話題她都可以用這句話來頂我：我就這樣了，你拿我怎麼樣！今年真的特別嚴重。她倒不光和我這樣，還和我老媽吵。

周星飛：學命理就要忍耐啊，說明砸人是有道理的，這個也是阿修羅女。

學生癸：老師說過，這個是跟我下來的。

天同 丁巳 夫妻宮	武曲(祿) 天府 文昌 戊午 兄弟宮	太陽 太陰(科) 己未 6-15 命宮	2016年 34歲 貪狼(忌)(權) 文曲 庚申 16-25 父母宮
破軍(祿) 丙辰 子女宮	癸亥年 女命	發起瘋來，什麼都砸 脾氣暴躁，忘性大	巨門(權) 天機 辛酉 26-35 福德宮
乙卯 財帛宮			紫微 天相 壬戌 田宅宮
廉貞 甲寅 疾厄宮	左輔 右弼 乙丑 遷移宮	七殺 甲子 交友宮	天梁(科) 癸亥 官祿宮

權↖ 祿↗ 權↘ 祿↙

周星飛：人家說啊：勸和不勸離的。我也只能跟著這樣子說了，但是心裡是想著：這種破五忌在父母的沒理智的。父母是「理智宮位」，這個是完全沒理智的人，更可能是腦袋空空或是常常失憶的，或是砸了你之後，突然清醒過來說，老公是誰打你的？

學生癸：我說她：妳的腦子不適合做主管。我真的旺她啊！**她和我 2014 年結婚之後**，甲午年莫名的被升到主管，自己開始做專案了。

周星飛：所以只能跟你說：多唸經迴向給她吧！算命的不要動不動就拆散人家的因緣的，這是很危險的事情。只是學了命理之後，自己內心要清楚的，好壞了然於心的。總是欠債，唸經迴向就當作一種錢給她。多唸經了。一切都是因緣，緣來了就在一起，緣盡了就分開了。都不要帶有什麼情緒，就會讓因果就畫下休止符的。

學生癸：應該這麼說，她除了情緒失控的時候。其他時候都挺好的。

周星飛：父母也是理智，上課的時候有說過，卡陰就是這種道理，一生氣，腦袋整個空白，就是父母多忌。怎麼一清醒的時候，人就正常了？真是怪事。好像是人格分裂一樣。身體裡有兩個人。

學生癸：「你老婆今年身材，可能又提升一個杯了。」這個學理是什麼飛化？因為貌似是事實呢！

周星飛：大限疾厄子女宮坐生年癸破軍祿，再以丙廉貞忌入疾厄，逢廉貞自化祿，相應了。交友（競爭位）再以甲廉貞祿來會，照父母宮是流年命宮，子女是性慾，疾厄是肉體，所以應該身材變更好了。廉貞自化祿在疾厄，看起來就不錯了，後面交實祿是更紮實。比如說，身材好還要墊個什麼「水餃的」，本來是C杯墊一下就變D。那現在不用墊了直接就是D。自化祿總是看上去不錯，但是還是有虛像，胸明明只有C，但是透過穿胸罩就大一點了或者墊一個胸墊的，自化祿之象。就是這樣子看起來好像不錯，其實還是有點虛，不飽滿。但是現在是交實祿，連墊都不用墊了，就是大，然後再加自化祿更大，本來C變D。現在紮實的D了，而且看起來更像E了。

學生癸：怪不得，我記得上次說過我老婆怎麼感覺看上去變大了？

周星飛：我看命盤就知道變大了，你這個二貨還要摸、還要看才知道。哈哈。

學生癸：不過老師，就上個農曆月就是癸巳月，我老婆脖子痛得不能動了。這個父母宮沖疾厄宮還是很明顯的，哈哈哈。

周星飛：貪狼忌，是脊椎或是肩鎖關節的問題歪了。脊椎往左偏了，或是左邊的肩鎖關節脫臼、受傷了。

第二十四課

整容改變臉型破相或重生

1、破相：父母疾厄線上多忌，命遷線上多忌。或是跟父母遷移交忌。

2、一般的美容保養臉部：四化入父母、遷移。重視面子。

3、整容：（1）、父母宮、遷移宮有生年忌，最好微整形就好，如果動刀就容易出問題。如果真要大整形，那一定不能笑，一笑就會破功，整形就失敗了。

（2）、父母宮、遷移宮多忌再自化忌，會容易面目全非，即使整容好了，也可能有留疤、或是整得不自然。

（3）、單一父母宮有自化忌，然後疾厄有祿權，或是，單一遷移宮有自化忌，然後命宮有祿權，可能會整得漂亮一點。

4、臉型改變：可能個性上的改變，多微笑，或是嚴肅不笑，或是身體上的進化，或是老化、掉牙齒、皮膚沒彈性、頭髮白。或是人為整形的改變，染髮、戴面具、戴珠寶配件都對。

一、命例1：只能微整形，不能動大刀容易整形失敗。

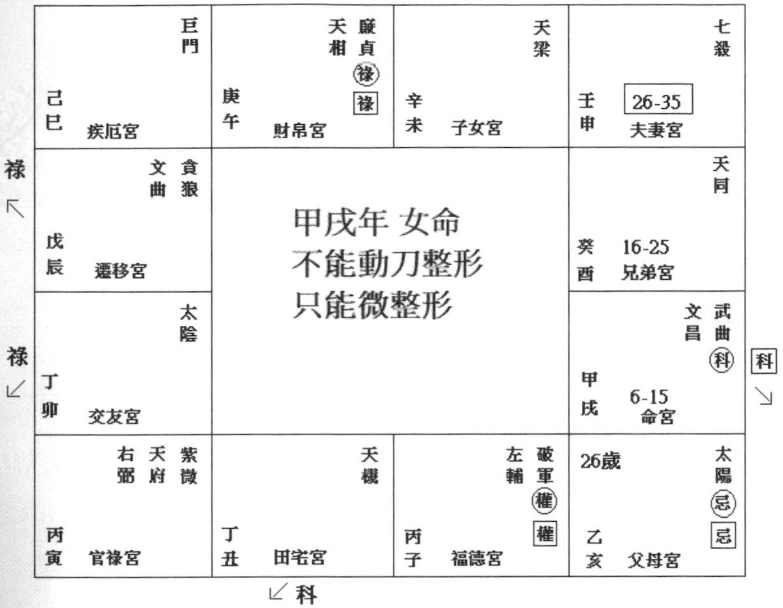

學生癸：周老師！我就是父母宮太陽忌，我臉上也是動了很多地方。反正花了好幾萬，然後。我第一次做雙眼皮，就是做失敗了！太準啦！我還想去做鼻子。如果選擇好的流年可以嗎？

周星飛：命運而已，別太折騰，不過選好流年去做，也可能維持不久，畢竟妳的「生年忌就是天花板」頂在那邊的。

學生癸：那我只能死心了嗎？

周星飛：妳真的要變漂亮？那就唸唸經吧。生年忌要變漂亮，就只能當冰山美人的，連笑都不能笑的，整好了也不能笑。

學生癸：什麼意思，不太明白。我一張臉很少笑的很臭。哈哈。

周星飛：一笑就前功盡棄，不太可能都不笑的。我已經跟妳說答案了，但是應該是做不到的，一個漂亮的女生都不笑的，那要幹嘛？這是很殘酷的，如果妳要按照命運就是這樣子，沒有其他方式的。

學生癸：那就是要整到那種臉僵的程度。我現在只想要做個鼻子，我就是很怕鼻子做壞。我這輩子最怕的就是醜。

周星飛：一笑都壞掉。沒想到這是命。我已經告訴妳答案了。妳也不會做到的，因為美了不笑。那妳還整個鳥？

學生癸：對呀！不笑太難了。

周星飛：但是，妳一笑鼻子就掉了，就這樣子。天命不可違。

學生癸：我的媽。我要哭了。老師，我只能選擇不整？我以前鼻子有做線雕，就是放蛋白線進去，沒什麼事，就是這是會消失被吸收的。沒有特別好看，只是比我本來的基礎好看，現在基本吸收得差不多了。

周星飛：所以，妳不能動大刀。只能稍微的弄弄就好。

學生癸：嗯嗯，謝謝周老師。

二、命例2：愛做面膜的飛化跟整容過。

學生甲：兄弟甲廉貞祿入父母，逢生年丙廉貞忌，為臉花錢為形象，也為漂亮。愛做面膜的飛化是這樣子的吧！所以，就是好喜歡做面膜。

周星飛：拿錢去填生年廉貞忌的坑啊！自化忌也是有時候花大錢，或是花錢也不手軟，面膜就像把人民幣貼在額頭、臉上了。自化忌，有時候花錢就會節制一點。很多種意義。

學生甲：然後也可以好久不做。哈哈、填坑。師父，飛星太

忌↗

天梁 權 癸巳 24-33 夫妻宮	七殺 甲午 14-23 兄弟宮	文曲 文昌 科 乙未 4-13 命宮	廉貞 忌 丙申 父母宮
權↖ 天相 紫微 科 壬辰 34-43 子女宮	丙寅年 女命		丁酉 福德宮
祿↙ 天機 巨門 權 祿 辛卯 財帛宮	愛作面膜的命理 臉上也常常過敏		33歲 破軍 戊戌 田宅宮
右弼 貪狼 庚寅 疾厄宮	太陰 太陽 忌 辛丑 遷移宮	左輔 天府 武曲 庚子 交友宮	34歲 天同 祿 己亥 官祿宮

↙權　　權↘

神奇了。

周星飛：這個也是會整容的。動些小手術把「廉貞忌」自化忌掉，去掉一些小麻煩的。但是，就會一直不斷的在上面反覆的整容、折騰的。

三、命例3：這個大限整形過頭了，變醜了。

學生G：我12年工作的主管，喜歡用道德綁架別人，人都不能反駁她。腦袋瓜很聰明，自小父母離異，媽媽帶著妹妹去了日本，爸爸在老家，愛喝酒之類的，高中沒畢業，出來混，高級小姐也做過，高級三陪，好幾個企業老總的情人，挺厲害的。不允許她身邊的女孩子感情太好，太好

天相 乙巳 35-44 子女宮	天梁(祿) 文曲 丙午 25-34 夫妻宮	廉貞 七殺 丁未 15-24 兄弟宮	文昌 戊申 5-14 命宮
巨門 甲辰 財帛宮	壬戌年 女命 靠男人賺錢 整形整過頭破相		己酉 父母宮
紫微(權) 貪狼 [祿] 癸卯 疾厄宮 忌↙			天同 庚戌 福德宮 忌↘
天機 太陰 右弼 [科] [權] [忌] 壬寅 遷移宮	天府 癸丑 交友宮	太陽 左輔(科) 壬子 官祿宮 科↘	38歲 武曲(忌) 破軍 辛亥 田宅宮

的，她會破壞。12年年底有一次應酬，一個老闆看上某人，被她知道了，馬上不再帶那個人去，自己爬上了那個老闆床，身價幾十個億。

周星飛：命遷好多忌，是有這種個性上的扭曲。遷移官祿王天梁祿入夫妻宮，又逢生年天梁祿，有天梁三祿，轉丙廉貞忌入兄弟，逢財帛甲廉貞祿來會，廉貞四祿在兄弟，可以理解感情能帶來很多錢，也能創業可以發財的。兄弟宮多祿，當個主管也是正常的。不過，命遷好多忌，個性怪怪的。

學生G：確實，現在的房子，車子都是這麼來得。最怕別人看穿她，誰看穿她，就要開始黑人家，精神不對勁，去年找我看，好多事都是準的，就不承認。我也沒多說，後來好幾件事應了，來找我，我沒理她。近一年沒聯繫，剛剛突然發資訊來批判我去年算得都不準。認識一個大師，說了她怎樣怎樣莫名其妙的變態，哈哈哈。

周星飛：反正，這個大限35到44歲就是窮光蛋的大限。遷移壬武曲忌入田宅（大限遷移），逢生年壬武曲忌，轉辛文昌忌入命（大限田宅），相應田宅遷移的忌，是經濟很吃緊的時候，個性更扭曲的時候。

學生G：哈哈哈，攀上一個富二代小鮮肉不放，想進人家門。我就笑笑，這個大限，我看著也是怪怪的，還有災。上個大限，是弄來不少錢。很聰明，愛學習，看各種四書五經，道德家，研究佛學，瞭解富豪喜好，混圈子，早期帶我學習，看書。也要感謝她的，教了我很多事情，這幾年越來越怪，無法相處了。

周星飛：我猜應該是卡陰了，難免去走邪門歪道的，求財求緣份。

學生G：咦，好像有在修密宗，介紹了好多資源給她，也沒感激。

周星飛：反正這個人遷移、田宅的忌都相應，整個經濟不是太好，人生現在不是太得意。

學生G：之前帶她去禪院，在裡面辦了張卡，各種鬼混，考證書。想接近某大老闆，失敗。認識了武俠小說家作者，顯擺了一陣子。遷移田宅一堆忌從來不收斂，身邊基本沒朋友，手段也厲害的。

周星飛：所以，我說卡陰也很正常的，因為急功近利就會亂搞。

學生G：去年見過她一次，感覺整個人浮腫虎背熊腰，以前是妖豔的身材好好。整容整到有點過了。好久沒見，去年見了一面，我嚇一跳，怎麼會變成這樣。

周星飛：假設父母、遷移的忌相應了，這個一定會有變醜的時候，或是不愛打扮的時候。因為父母宮忌相應，也相應遷移的忌，整形失敗是正常的。又串聯田宅，會愈整愈沒錢。不過，畢竟年紀大了，怎麼跟20歲的妹妹比呢？所以，也是遷移的忌相應了，沒辦法在社會上混了。愈混愈回去了。

四、命例4：多被已婚男追求，被毀容過也整容了。學生癸的分享

學生癸：命例分享、夫妻、福德，田宅，串聯命宮，破於父母宮，這也是個問題多，不正常的感情，所以命主總是被已婚男士追求而且總是遇到渣男。也是典型的離婚格，而且破在父母宮，毀容了，也整容過。五忌大破，串聯福德、遷移因果報應，這個飛化也是性格扭曲，所以很倒楣的。因為交友化巨門忌轉忌也入父母，遷移忌轉忌入父母，這個是因為遇人不淑，所以被強暴過，忌入父母，見不得光。所以這一個飛化可以多看。

天梁 丁巳 交友宮	七殺 文曲 戊午 遷移宮	己未 疾厄宮	廉貞 祿 文昌 庚申 財帛宮
紫微 天相 左輔 丙辰 官祿宮	戊辰年 女命 多被已婚追求 被毀容過		辛酉 子女宮
天機 忌 巨門 乙卯 田宅宮 (祿↙)			破軍 權 右弼 科 壬戌 24-33 夫妻宮
貪狼 祿 甲寅 福德宮	太陽 忌 太陰 權 乙丑 父母宮 (↙忌)	天府 武曲 甲子 4-13 命宮 (科↘)	32歲 天同 癸亥 14-23 兄弟宮

感情合盤的問題

「合盤」就是一個很現實的想法。每個人都想找到「正緣」少走一點冤枉路。以前離婚率低，合婚可能比較準。現在離婚率高，合婚的意義似乎就不大了。總是有這個市場的存在的，大家也可以稍微的去學習看看。

八字、占星、紫微斗數都有這個合盤的技術。合盤可以看人跟人之間的任何關係，比如與父母、長官、老師的緣份，與合作者共事的緣份，親子之間的緣份，婚姻緣份等等。我現在把紫微斗數有關合盤的理論說明一下。因為我基本上不合盤的，這方面經驗少，不能分享給大家。但是還是可以跟大家談談，我見過的手法，提供大家參考：

一、命盤十二宮跟十二生肖的關係：前面第十二課內容。可以找有緣沒緣、緣多緣少的生肖的對象、貴人、上司、醫生、朋友、合夥人，也是一種參考。這是我最常用的。那準度也差不多6到7成。大家可以參考看看。

二、太歲入卦法：名聲遠播的手法。我不會用。

使用方式，以1、天干；2、地支，為兩個主軸。

取得對方的生年天干地支。假設，另一半是「壬子年」

1、天干「壬」：

(1)、壬天梁祿入命：讓我心裡高興。

(2)、壬紫微權入交友：管我的交友的情況，或是擴大我的朋友。

(3)、壬左輔科入遷移：能適時的輔助我在外面的行為。

(4)、壬武曲忌入父母：讓我的父母不高興，或是比較顧娘家。

↖忌　　　　　　　　　　　　　　　　祿↗

廉貞 忌 貪狼 癸巳 36-45 子女宮	巨門 祿 文昌 忌 科 甲午 26-35 夫妻宮	天相 乙未 16-25 兄弟宮	天同 天梁 文曲 科 丙申 6-15 命宮
太陰 壬辰 46-55 財帛宮	辛亥年 男命		武曲 七殺 丁酉 父母宮
天府 辛卯 疾厄宮			太陽 權 戊戌 福德宮
左輔 庚寅 遷移宮	紫微 破軍 辛丑 交友宮	天機 權 右弼 庚子 官祿宮	己亥 田宅宮

孝順，愛讀書，不常笑。

2、地支「鼠」：取子宮，官祿宮有天機、右弼，能輔助我，幫助我的工作，計算、算數企劃。

3、這個可以參考的。同學們就自己印證看看準度如何。

三、同樣的星系排列的看法：

1、同星系組合：上面的命盤是天同天梁，或是廉貞破軍這種組合。有緣的可能是這種星系排列。只是宮位不一樣，比如說，另一個人，財帛宮在申，有天同天梁，那有人就會論說，跟這個人合作，他能帶來金錢給你的。

2、三合方一樣：假設是殺破狼型的，那你找另一半也是殺破狼型的，也不錯的。

3、上面的命盤，夫妻是巨門、文昌。如果看感情的緣份，假設，另一半的命宮是「巨門、文昌」，那就是很合緣的。有巨門也很合緣的。或是另一半的大限夫妻宮，是「巨門、文昌」，那就是很合緣的。有巨門也很合緣的。

4、星星的組合之一：比如說「紂王」（破軍），要配「天府」（紂王的老婆姜皇后）。天機姜子牙，要配巨門馬千金。也是有人提出這種理論的。

5、星星的組合之二：比如說星星的五行，比如說男命是夫妻宮是巨門祿，水星，女命，夫妻宮「七殺星、武曲星、文昌星」要化祿權科的，這樣子可以金生水，而利男方。也是一種理論。

6、星星的組合之三：天同星的女性。個性溫柔純樸。小孩子脾氣，喜歡幽默風趣、好脾氣而有學問的男性。喜紫微太陽，再來喜天機武曲天府天相。一般的太陰天梁，最忌巨門，也是有人提出這種理論。

7、以上提供我有看過得「合盤」的理論給大家參考。也許還有其他的方法，大家都可以試試看的。

8、以下一個論命的實例，用借盤論另一半，論準了，自然就是有緣的感情對象。

命例1：借同性戀的命盤，看他的另一半的情況。2009年命例。

這是一個同性戀看婚緣的案例。主要透過其中一個盤的夫妻宮來看另外一個人。如果能夠符合，那麼這兩個人就一定是有緣份的。

命主是71年，其同性戀的對象是77年的學生甲。

周星飛：71年命盤看一下。命乙天機祿天梁權入子女，逢天梁自化祿。對小孩好，也容易有合夥緣，也容易在家的外面（田宅之外）有高興的情況。轉壬武曲忌入遷移，逢事業己武曲祿來會。工作跟合夥有關的樣子。而且，這個天機祿天梁權，天梁自化祿，都會帶到遷移上，這個人也有善於計算、企劃（天機祿）、口才好（天梁祿在遷移），又跟武曲有關，可能跟

<table>
<tr><td>紫微 七殺 科
癸巳 24-33 夫妻宮</td><td>文昌 忌
甲午 14-23 兄弟宮</td><td>乙未 4-13 命宮</td><td>文曲 科
丙申 父母宮</td></tr>
<tr><td>天機 天梁 祿 權
壬辰 34-43 子女宮</td><td colspan="2" rowspan="2">辛亥年 男命
同性戀、借盤看另一半
2009年39歲</td><td>破軍 廉貞
丁酉 福德宮</td></tr>
<tr><td>天相
辛卯 財帛宮</td><td>戊戌 田宅宮</td></tr>
<tr><td>太陽 巨門 權 祿
庚寅 疾厄宮</td><td>武曲 貪狼 右弼 左輔
辛丑 遷移宮</td><td>天同 太陰 忌
庚子 交友宮</td><td>天府
己亥 官祿宮</td></tr>
</table>

祿↖（子女宮） ↙祿（疾厄宮） 科↘↘忌（交友宮）

錢有關（武曲、金融屬金）。

學生甲：71年是公司地區經理，管上海的。是個廣告類的公司。

周星飛：但是，命忌入交友，對朋友有情義。福德也丁太陰祿入交友，對朋友很好，但是自化忌，可能又不會去經營人脈。

學生甲：師父說得正確。還有就是脾氣，他脾氣倔。

周星飛：脾氣倔，除了福德宮的廉貞破軍之外，再來就是遷移辛文昌忌入兄弟，逢生年辛文昌忌，雙忌，加上命乙太陰忌入交友，三忌在兄友上。本質上，是對朋友有情有義的。但是，遷移交友有破，就會有把人際關係弄爛的時候。那交友就自化忌，就不管了。

學生甲：確實是，看不慣的人，永遠都不想理。對味的人，很重情義。

周星飛：兄弟宮有生年忌，沖交友，把人分369等，或是中氣不足。遷移以辛文昌忌入兄弟。雙忌，可能健康有點問題，將來成就也會受限。轉甲太陽忌入疾厄，福德以丁巨門忌入疾厄。至少三忌在疾厄。文昌忌、太陽忌、巨門忌，像是心臟血管的病、腦梗中風、眼睛上的飛蚊症之類的病。

雖然，疾厄有巨門祿太陽權，太陽自化祿，健康不會一下子很快就壞了，但是忌太多，也是會慢慢壞的。

學生甲：中風？上次檢查他的身體還不錯。有些問題？同性戀的問題下，考慮愛滋？

周星飛：廉貞忌，發炎，血光。他的廉貞忌，是父母宮來得，不像愛滋，也可能有父母的遺傳病。

學生甲：他每年都查是有很多小病。

周星飛：這個主要的問題在：兄弟宮見文昌生年忌，中氣不足之象。

轉甲太陽忌入疾厄。可能眼、頭、心臟會連帶影響。

學生甲：身體虛、氣不足，身體不好腰酸背痛。

周星飛：看感情上的緣份，從夫妻宮來看另一半。借盤看另一半的情況，文昌忌在父母（兄弟），臉色嚴肅一點，轉甲太陽忌入疾厄，也會很勤勞，加生年權，可能會有操勞。

學生甲：對啊！家裡工作都是我做，他就坐著、躺著。

周星飛：另一半的狀況，77年的。

夫妻癸破軍祿入福德，精神上很愉快。父母（兄弟）甲廉貞祿、破軍權入福德。

1、長相好看。

2、學歷可能很好。聰明。

學生甲：相貌堂堂，聰明不是自己說的。IQ測過140。

周星飛：轉丁巨門忌入疾厄，逢借盤看的夫妻、財帛辛巨門祿來會。

1、長相、學歷好，可以當飯吃。

2、也會很受異性喜歡的。

學生乙：師父，77年這個人的盤裡，我看過，吃軟飯的情況了，所以說合！

周星飛：夫妻以癸貪狼忌入遷移，77年的這個人，也是個很直率的人，轉辛文昌忌入兄弟，也可能會有少根筋的問題。

遷移（事業）以己文曲忌入父母，會有不看人臉色的問題。

學生乙：學生甲，你是不是很直啊？有時候還腦袋少根筋？在他的盤裡看見這樣了。有不會看人臉色的問題。

學生甲：是的。

周星飛：遷移（事業）也己武曲祿貪狼權入原命遷移。

交友（田宅）戊貪狼祿來會。人氣也很旺喔。

在社會上，圓融（祿）又強勢（權），人際關係也很好。（遷移交友交貪狼祿權）

學生乙：師父，77年這個人的盤裡我看過，在朋友中屬於老大類型的，權加了祿，能有獨當一面的。

學生甲：我比較強勢那種，符合你解盤看的情況。

學生乙：師父看來，兩個人是命中註定的。但是您說，今年會散。

周星飛：就像前面說的，業力會消散。但是，是好的，還是壞的進展？看71年的命盤。夫妻癸貪狼忌入遷移，如果，走到41歲的時候，就很可能會有問題。今年36歲流年踏田宅是「大限遷移」以戊貪狼祿入遷移。搞不好，會因為「發財」而在一起。這個71年的男的，這個大限是正在發財中。夫妻癸貪狼忌來會，會不會，77年的這個男人，會有依賴他71年男的經濟上的支援？

學生乙：是啊！71年他給錢，是77年他不要，他要完全會給他的。

周星飛：命癸貪狼忌入遷移，是正直的。不要也是合理的。

學生甲：想看看可不可以天長地久？

周星飛：這個錢的問題，就可以證明緣份未盡。所以緣份盡不盡，不是只看「肉體」，錢也是個角度。今年2009年踏遷移，明年2010踏疾厄，好像71年的，會有大發的時候耶！明年踏疾厄，得巨門祿太陽權，總是很愉快。

學生乙：對。明年有個大專案。

周星飛：兄弟（大限福德）以甲廉貞破軍權入福德，成就有非常高興的時候。轉丁巨門忌入疾厄，逢財帛（大限兄弟）、遷移（流年兄弟）以辛巨門祿太陽權來會。非常有成就，有錢。

但是，財帛（大限兄弟）辛文昌忌入兄弟、遷移（流年兄弟）辛文昌忌入兄弟，又跟命宮乙太陰忌入交友，對沖。

1、健康問題，中氣虛弱。

2、兄弟多忌，就會創業很辛苦的。

3、怕有「曇花一現的情況」，忌入交友，又自化忌。

所以，記得「見好就收」。遷移忌入兄弟，逢生年文昌忌。有幾個解釋：不善袖舞、不善攀緣、外面麻煩事多。不要好高騖遠，容易破財。要規劃理財記賬，財務要做好。小心流行疾病、意外傷身。要創業，要盡量的選擇小創業，大投資容易失敗。

這些問題，就會在命盤上相應的時間點就出現了。所以，明年，71年男會有好事，但也有壞事。至少經濟穩定一點，感情上也比較穩定吧！

同性戀的緣份：

1、可能他們上輩子是「男女朋友啊」！

2、他們的腦袋有問題啊！

因為前世有緣份沒有盡，有時候男女雙方發願，生生世世要在一起。但是，每個人的福報，或是上帝一個不小心，女的變成男的，或是男的變成女的，到這輩子來就變成「同性戀」這個問題。這個輪迴的事，我們看不清也控制不了的。我是覺得平常心看待就可以的。

學生甲：但是，師父，這樣的感情會成為業力嗎？

周星飛：當然啊！我們的起心動念，都會有機會變成業力啊！所以，佛經上說：每個念頭都是一個種子只等待適合的機會發芽。

學生甲：這樣的業力要怎麼償呢？

周星飛：壞的就忍耐，想要壞的業力斷，幾個方式可以參考：

1、停止新的業力、念頭、行為。

2、消除舊債，承受舊的業力、多忍耐。

3、祈求佛菩薩加持，讓業力趕快受完。

學生乙：師父，您知道嗎，現在同性戀沒有人敢合婚的，都說是逆行天意，可是師父今天解了，我覺得我們突破了一個東西了。哈哈，婚姻宮裡看見緣份了，是前世的因緣啊。

周星飛：合婚？我有在合婚嗎？沒有啊！還不是我們早就在講理論，借盤論六親嗎？

我沒有合婚的。我也沒有說，他們要不要結婚，只是把緣份說清楚一點。

學生乙：我也沒說，我只說有緣份。那看來沒有造業。

周星飛：我們造的業，就是提醒他見好就收，剩下的我們沒有講什麼東西。所以，同性戀、小孩的命盤能不能論？

學生乙：能，只是我沒到那個功力，所以不敢論。

周星飛：小孩的論法，就先借盤，論一下父親，論一下母親就好啦！剩下的就是命盤，好的地方說一下，壞的地方說一下就可以了。人生總是有好有壞啊！但是，不要全講壞的，會讓人心生害怕，也要講點好的，讓人心有希望。

第三部分

看不見的業力跟無形界的影響

第三部分：看不見的業力跟無形界的影響。

第二十六課

嚴肅的話題：「刑、剋」的問題。這個題目會讓人「妻離子散」、「兄弟不和」、「子女不孝」、「家破人亡」各種的麻煩。

女命「剋夫」的命理、男命「剋妻」、「剋父母、剋子女」，反正只要有人就有「刑剋」的問題。中國的八字命理中有「刑剋」之說，一旦發現命中跟六親有刑剋就會緊張，恐怕發生什麼禍事、想到生死。這個題目真的會讓人「家破人亡」、「妻離子散」、「兄弟不和」、「子女不孝」各種的麻煩。

曾經有個案例：父親讓命理師算命：父親屬鼠，大女兒屬馬。命理師直接就說：生肖

犯沖，你女兒會剋你。以後，父親看到這個大女兒，就連抱都不想抱，造成父女失和。

這種話，我相信「90％」的命理老師都敢說出口的。為何敢說出口？「我的老師就這樣子教」、「從來沒想過這句話說出口會造成什麼影響」、「要恐嚇讓命主拿出錢來改運」各式各樣的理由，就讓人家庭失和。這個「口業」不知道大不大呢？

小孩子的出生會因為小孩自己的福報跟父母的因果關係、運勢，才來投胎到這一家裡成為一家人。小孩子來這個世間上，沒有自主性可言。要怪孩子的命不好，刑剋父母，倒不如說是父母命中註定如此，是比較合適。兒女如果剋父親，則父親便會有身體不健康，事業停滯不前，甚至會失業、破產，然後將責任推到孩子身上，這種論斷實在令人怵目驚心、不敢苟同。

比如說，結婚之前，有長輩請人合婚。看看男女雙方婚姻之後會如何，有無刑剋，會不會傷到自己？一旦聽到另一半的八字：命硬三分、刑妻傷子、傷夫刑子，嚇得長輩不讓娶或不讓嫁。相信不少有情人曾經被拆散過。

命理是有道理的，但是也可以委婉表達、謹慎小心的說明。有的老師就說：「我就是直話直說、這個才是負責任的態度。」是的，命理師本來就是不能騙人的。但是，如何在「命理的正確表達」跟「讓命主心裡好過一點」，兩方取捨才能達到平衡，這個是命理師要學習的功課之一。畢竟，命理是很「個人化的事情」。並不是每個人都能受得了聽到「直話」。所以，講「曲話」也是必要的，那直話多少，曲話多少？也是很個人化的比例的。

那到底有沒有「刑剋」這種事。我剛才說了：命理是有道理的。所以發生任何事都是有道理的。

（一）、以我學的飛星紫微斗數來說「剋夫剋妻」這個命理，是用一種「緣份好壞、長短」，來解釋這種「刑剋」比較好一點。

1、夫官線多忌：感情、工作都比較不穩定。

2、福德、田宅交忌：家道中落，男丁沒有用。老公也一樣沒用或是個性扭曲。感情上分手、分居、離婚。嚴重的話，配偶就生離死別。

3、夫妻宮化忌入遷移、父母，又逢生年忌，這個也是另一半容易出問題。如果有以上的情況，可能感情上就容易出問題。

（二）、那有沒有「破解之道」：

1、夫官線多忌：感情、工作都比較不穩定。「破解之道」，另一半老實一點、乖乖**安分守己，就少問題。**

2、福德、田宅交忌：家道中落，男丁沒有用。老公也一樣不太中用。「破解之道」，結婚之後，不管男命主或是女命主，通通都是女主人比較要擔起家庭多一點的責任。老公比較軟弱，或是不長進、個性扭曲、宅男或是渣男。

3、夫妻宮化忌入遷移、父母，又逢生年忌，這個也是另一半容易出問題。「破解之道」，命主就要忍耐另一半的特立獨行，或是很直率、呆板的個性，比較另類的個性。另一半要擔起家庭多一點的責任。

4、所以，「有沒有刑剋」這回事，當然是有，但是，換個解釋方式，或許會好一點，大家認為呢？

（三）、其他命理、風水的解決方法：

那通常遇到感情不好的，就會有很多命理師、風水師會建議一些方法來避免這些危機的發生，提供大家參考：

1、找年齡相差大的配偶，可化解刑剋。

2、分房而居，也是化解刑剋的一個方法：尤其兄友線上多忌。這裡說的分房不是分居。正常男女之事可以繼續進行，只是說睡覺休息可以分別在兩個不同的房間。

3、找距離相距遠的配偶，也可以化解刑剋。

4、改變稱呼、稱謂，避免刑剋：就是生活之中，千萬不要以「老公、老婆」相稱。

還有類似的，就是小孩子「刑剋」父母了，也會叫小孩子不要叫爹，改叫「叔叔」、「某先生」之類的。

5、不舉行儀式，同樣可以化解刑剋：如果在合婚時，已經知道八字有刑剋，就是結婚時不要舉行任何儀式。台灣有一個習俗叫「半夜披著嫁紗，半夜到夫家」，結婚的時候，不讓上帝公知道，也許感情會好一點。

6、總而言之，就是比較多的時間的「生離死別」即可。不完美、不完整的感情，也許就是一種完美的感情。大家一定要體認這件事。

第二十七課 佛曰不可說的世界，鬼神祖先的影響。有異世界的另一半。

感情、婚姻的阻礙，有時候也是「鬼神祖先」的影響，這個在命盤都可能會看得出來的。提供大家幾個命例研究。不過學習紫微斗數不要一開始就往鬼神研究。不然很容易變成神棍的命理師。動不動就是嚇唬客人，花錢作法消業障。這樣子就不好了。

夫妻加上父母遷移福德的忌，以前有說過有「鬼老公鬼妻，或是什麼鬼神護法」之象，所以，鬼神跟著身邊就嫁不掉、娶不了。

這個「鬼老公鬼妻」的事，反正誰也看不到，我們如果去催桃花，保證會被鬼老公鬼妻修理。所以，看到這種福德遷移夫妻父母生年忌，交忌一起的，要問婚姻？那簡直命主是「來踢館的，來拆招牌的」，我們也不要說沒輒。基本上會問說：有沒有鬼神在身邊的感覺？基本上，這種破得重的，這種命盤就可能稱為「八字輕」或是「斤兩輕」，那很輕的命格，通常又有一個情況就是很能「通靈」。

學生問：夫妻宮與生年忌轉忌交到太陰忌、巨門忌，會有鬼老婆嗎？

周星飛：會。所以，這種交忌愈多的，通常跟靈界打交道的能力愈強，因為基本上他們也是「半個靈界」的人，一腳在人間，一腳在冥界。

我只能說：「有不知道的力量影響著我們的人生」。但是又看不見。所以，我們對於這些看不見的事都要心存「尊敬」。你不要為了賺錢，就隨便信口開河，得罪鬼神也可能會有不知道的禍事發生的，提供給大家參考。

一、命例1：學生甲的朋友命例。有小狐仙在身邊的影響。

學生甲：就像老師前天說的那個看投胎轉世的高等靈魂一樣是吧！大膽的說。這個是我好朋友。我看她今年應該有大財，但是不確定從哪裡來。

科 ↖

紫微 七殺 乙巳 疾厄宮	丙午 財帛宮	丁未 子女宮	戊申 夫妻宮
天機(科) 天梁 文曲 甲辰 遷移宮	丁卯年 女命 小狐仙在身邊 影響感情的發展		破軍 廉貞 己酉 兄弟宮
天相 癸卯 交友宮			文昌 庚戌 4-13 命宮
太陽 巨門(忌) 右弼 祿 壬寅 官祿宮	武曲 貪狼 權 癸丑 田宅宮	天同(權) 太陰(祿) 左輔 壬子 24-33 科 忌 福德宮	天府 33歲 辛亥 14-23 父母宮

↙忌　　科↘

周星飛：我有看到「財帛的忌轉忌入遷移」。不過這個是「財帛的忌」相應了。要辛苦才能賺到錢。但是，看錢也不是只看財帛。這個命主很有領導力的。遷移甲破軍權入兄弟，交友癸破軍祿入兄弟。很適合當中高層主管，所以會升官發財。

學生甲：今年嗎？我還以為她今年升官不起來，一路小人到現在，她自己哭死了。

周星飛：遷移的權加上交友的祿也相應，遷移交友的忌也相應。因為也犯小人，好壞都有，所以，升官沒有那麼快的。然後，遷移交友交忌，沒心機。再加上夫妻宮也破進去，感情上笨笨的，怕有養小白臉有男人幫她花錢，

學生甲：最近三年都單身，沒有男人。錢都被家人劫走了。

周星飛：如果沒有男人，那就解釋「果報」不旺賺錢吧！

學生甲：她身上有有個小狐仙，女狐仙。

周星飛：那是女狐仙不讓她交男人？不過我覺得她的感情本來就笨笨的或是很奇特的，夫妻先戊天機忌入遷移，跟父母的辛文昌忌入命，父母夫妻先交忌之後，遷移再轉甲太陽忌入官祿，逢到生年丁巨門忌。這個就必然有些奇特的感情世界的。所以，不養小白臉的話，那講玄一點，就是有神鬼來阻礙感情的事。

學生甲：對。女狐仙不讓她碰男人。一碰男人，那個男人就出軌。

二、命例2：在埃及墓神阿努比士旁當過地官的女人。桃花的苗還沒長大就被砍掉了。

雷光霏：我有一個命盤也是有巨門祿的朋友，她是個先天就擁有第三眼的通靈女子。有一回和我討論到似乎曾在埃及墓神阿努比士旁生活過。我還特別去比對她命盤，果真有兩個巨門祿！所以我推測祂曾在埃及地府當官過吧？

周星飛：雖然都在地下身份還是有差別的。如果是巨門忌，在地下就是標準的鬼。如果是巨門祿，在地下就是標準的「地官」！但地府官包含很多種：地藏王菩薩、閻羅王、墓神或判官都算其中。

科↗（乙未）

癸巳 遷移宮	天機 (權) 甲午 疾厄宮	紫微 破軍 左輔 右弼 乙未 財帛宮	丙申 33-42 子女宮
太陽 文昌 (科) 壬辰 交友宮	丙寅年 女命		天府 丁酉 23-32 夫妻宮
武曲 七殺 祿 辛卯 官祿宮	從埃及墓神旁 轉生來的女官 身邊一堆陰差鬼官		太陰 文曲 忌 戊戌 13-22 兄弟宮 權↘
忌↙ 天同 天梁 (祿) 科 庚寅 田宅宮	天相 辛丑 福德宮	巨門 庚子 父母宮	貪狼 廉貞 (忌) 34歲 己亥 3-12 命宮 權↘

雷光霏：是，她跟我應證說她的靈魂曾去過某位閻羅王裝潢很漂亮的辦公室，她感覺對那兒很熟悉。閻羅王是一個長得像小孩子一樣很可愛的人。他們像認識很久的朋友一般自然互動。她跟城隍爺和地藏王菩薩祂們也常在接觸。

周星飛：嗯，的確是有很多守護神在她身邊的現象。不過她遷移貪狼忌入命，子女丙廉貞忌入命，還有生年忌，代表桃花不開。轉己文曲忌入兄弟，表示要創業。福德忌入交友是想做公益，所以她一方面想創業一方面又想做公益。

雷光霏：是啊，剛好她也是我靈學的啓蒙師姊，教我很多有關於靈界的事。的確她感情方面有些特殊狀況，都三十多歲了還不想交男朋友！

周星飛：她背後有很多鬼神，所以也阻礙感情的發展！被不可說的世界影響，祂們眼睛都盯著。好辛苦！桃花還沒長大就被砍了。夫妻宮丁巨門忌入父母跟遷移貪狼忌加上生年廉貞忌，忌轉忌之後交忌。把感情「破」得很嚴重。我們只知她沒交過男朋友！但是並不知道竟是「鬼神的影響」！

雷光霏：她曾跟我應證說，的確有個陰間老公存在，祂是個兇狠嚴格的高層官差，在地獄做事，帶領牛頭、馬面等陰吏。

周星飛：嗯，所以她財帛太陰忌入兄弟，是否有創業了？

雷光霏：正式創業應該沒有，不過她的靈性和通靈方式很受大家愛戴！如果開個宮廟或靈性工作室應該很適合。

周星飛：她福德宮祿辛文昌忌入交友。

一方面想現實一點創業但另一方面又想去幫助人對人好。所以常常在理想跟現實衝突。所以未來開工作室去助人又可賺錢的方向是對的！田宅宮有生年祿，也可建議她做房仲。可能不小心就成交大案子了。父母串聯巨門天同，代表她口才好，協調能力高，所以，田宅有生年祿的就往生年祿方向去發展就沒錯了，或是在家裡開工作室也行的。

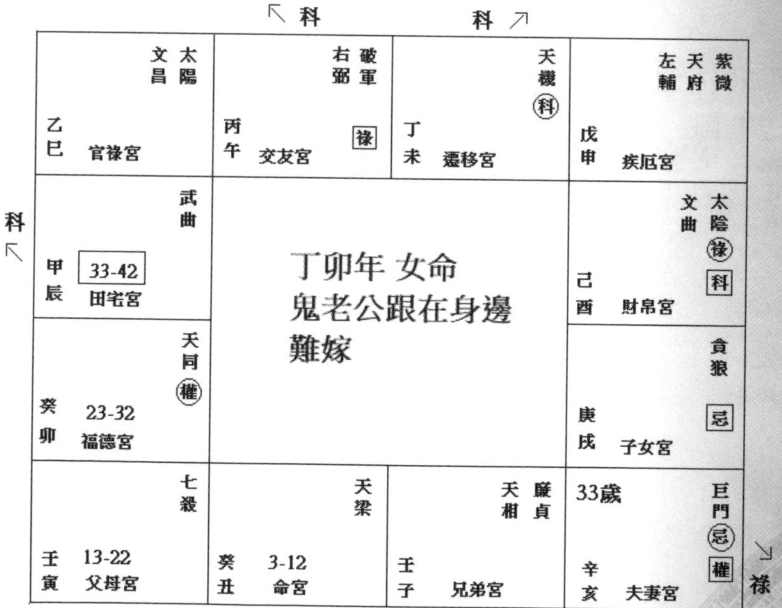

三、命例3：有「鬼老公」。

命主表示：有鬼老公的存在，所以很難成家。

命主完全可以與鬼溝通，能看到鬼的存在。遷移、夫妻、福德宮干丁，或是生年丁巨門忌，都容易與靈鬼的能量有緣的。

四、命例4：要結婚，男方家裡反對就吹了。

夫妻丁巨門忌入父母，逢生年丁巨門忌。結婚時，男方家裡反對，就吹了。然後命主表示，有鬼老公長期跟著她。巨門雙忌入父母，轉庚天同忌入疾厄，也會影響健康的，轉甲太陽忌入子女，影響婦科。巨門忌太陽忌，也容易有心臟中風、腦中風的機會。

↖科　　權↗　忌↗

破軍 武曲 祿 乙巳 財帛宮	太陽 文昌 丙午 子女宮	天府 丁未 夫妻宮	太陰(祿) 天機(科) 文曲 忌 戊申 兄弟宮
天同(權) 甲辰 疾厄宮	丁卯年 女命 結婚時男方反對 有鬼老公跟著		紫微 貪狼 己酉 5-14 命宮 （權↗）
左輔 癸卯 遷移宮			巨門(忌) 庚戌 15-24 父母宮
壬寅 交友宮	七殺 廉貞 癸丑 官祿宮	天梁 科 壬子 田宅宮	33歲 天相 右弼 辛亥 25-34 福德宮

祿↘

五、命例5：夢中跟人結婚。

2019年9月命例。

周星飛：你農曆5~6月的時候，有沒有為了感情傷神？或是覺得感情沒希望了？不想爭了？

路人星：是的，就是這兩個月，說的感受也一直。老師就是老師。

周星飛：你有沒有夢過「鬼老婆」之類的？夢裡跟人結婚了？

路人星：夢裡結婚有的。哈哈。

學生甲：因為串了巨門了。

周星飛：還有遷移福德夫妻生年忌都交忌了。

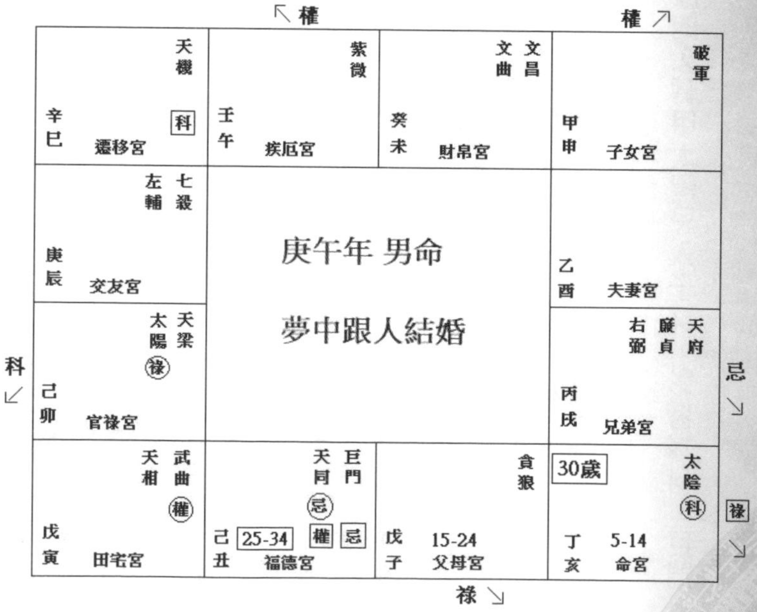

第二十八課

離婚辭祖的問題。有離婚過得必看。女人要注意，男人也是要反省。以下是台灣習俗提供參考。

這個離婚，一定要辭祖。拜別前夫家的祖先的。

祖先、鬼神的世界也跟人一樣，也都要去溝通的。不然，這些祖先也不一定會講情理的。尤其在對女性，有很不公平的地方，我想是父權社會的影響吧！所以，將來各位男性朋友，有一天也變成你們也變祖先，相片掛牆上了，也希望對於這件事要好好的思考一下。自己的子孫如果做不好，也要先反省一下，不要只是怪女方的問題。

關於離婚要辭祖的觀念跟做法提供參考。

離婚的女性一定要向前夫家的祖先：通報已跟前夫離婚了！

當初嫁娶時，不論願意與否！夫家的歷代祖靈，一定會自動將媳婦納入保護與管理；同時，承受夫家的福蔭與因緣果報，這樣就成了一家人。

說到辭祖，必須從結婚這個儀式談起，多數人應該都有在路上看過迎親的車隊：新郎帶著幾個或一大群的伴郎加上媒婆，乘坐幾部禮車到達女方家準備將新娘娶出門之前，女方家如果有祖先牌位的，就要先上香稟告祖先，說明今日將要出嫁，在此拜別祖先，接著新娘與新郎要雙膝同跪，向新娘的父母叩首拜別。新娘出嫁前的這兩個動作，就叫做「辭祖」也就是辭別本家的祖先。結婚儀式到這裡算是上半場而已；接著下半場是新郎將新娘迎娶回家之後，同樣也要偕同新娘一起向男方本家的祖先稟告，今日娶親，兩位新人一起向祖先上香；然後兩位新人還要向新郎的父母，也就是新郎的公婆敬茶，婚禮儀式到此才算告一段落，接著就等著宴請賓客了。

以上所述結婚儀式當中，有兩個祭拜祖先的程序，第一個是新娘出嫁前要辭別本家的祖先，第兩個是新郎將新娘娶回家後要拜祭新郎家的祖先及父母，這也可稱為「認祖歸宗」。

就前段所說的，女人在結婚的當天，已經辭別了本家祖先；踏進男方家門時，又祭拜了男方家的祖先，完成了「認祖歸宗」的舉措，正所謂「生為夫家人，死為夫家鬼」，都是向天地宣告這個女人是夫家的一份子，就因為這些「宣告式」的行為，認證了新娘在夫家的地位，所以女人離婚時，除了在戶政機關辦理離婚登記之外，尚須辭別夫家的祖先，才能回歸本姓娘家的血脈，受其本氏祖先的庇佑。

萬一，女人離婚之後，雖然已經辦妥離婚登記，卻忘了辭別夫家的祖先，會發生哪些狀況呢？這問題可大了！女人離婚之後沒有辦理辭祖的手續，原本夫家的祖先肯定還會認為這女人是他們家的媳婦，既然是本家的媳婦為何沒有早晚上香請安，就連逢年過節也都沒有回家幫忙，甚至連上香祭拜都沒有，更看到跟別人男人一起的時候，為此就會被祖先們冠上一個不孝或不守婦道的罪名，祖先們也會因此罪名而施以懲罰。然而這樣的懲處，就會給這個女人帶來極大的困擾與麻煩，每逢該是祭拜祖先的日子到了，節日前後各十五天，此女必會心神不寧，莫名的坐立難安，情緒起伏多到難以控制，無緣無故想要發脾氣，看到任何人、事、物也都會莫名的不順眼，接著會諸事不順、精神不濟，容易陷入緊張的情緒狀態，再來就會影響到身體的健康狀況，體能變差，婦女性的疾病增多，徒增許多沒來由的麻煩，還可能致使生活陷入困境，苦不堪言。

男人離婚之後，除了戶政登記之外，還有沒有要辦的手續呢？答案是「有」；而這手續的名稱叫「休妻」，但是在辦「休妻」的前題是雙方離婚了，女方如果已經辦理了「辭祖」的手續，男方就不必「休妻」了，換言之，男女雙方只要有一方辦理手續完成，就等同告知祖先離婚的事件了，不需勞民傷財雙方都要辦理。

這種形式只存在有拜祭祖先的家庭中，西方國家沒有認祖歸宗的傳統，自然沒有這種的需要。

離婚時女生如果沒有「辭祖」！夫家的祖先依然會認定此女為我家的媳婦。如果，女生再尋求下次感情、姻緣，夫家的祖先就會給予干擾；跟其他男生在一起，就會讓男女雙方工作、財庫，諸事不順，健康也不佳，麻煩事情一堆！同時，也讓此女無法回歸父家，讓自己本姓的歷代祖先照護。所以，離婚的女生，一定要辭夫方的祖先。

第一種是：如果要離開夫家的時間，所有東西要離開時，在夫家的歷代祖先牌位前，點一炷香，禮敬稟言（不卑不亢）：X家歷代祖先在上，我○○○已與X家子孫XXX離婚。從現在起我不再是X家的媳婦。從今爾後，X家累世累劫的因緣果報與我無關！不要來找我。告辭！（註：不是再見哦！）上香，頭也不要回，離開！

第兩種方式是：「寫離緣辭祖文疏」，提供給當初離婚時「未辭祖」的女性做參考；可拿此疏文至大廟請神明做主，幫忙傳達給前夫家的祖先。步驟如下：

1、請至住家附近之「大廟」或「城隍廟」請神明做主。
2、將該廟之「神明名稱」填寫進疏文的（）中，並將妳及前夫家的資料填進疏文中。
3、請記得要在疏文的左下角、「信女印：」的地方，蓋上妳的手印。
4、備妥疏文後，向該廟神明稟報妳的姓名、農曆出生年月日時及地址後，將疏文內容一同稟報給神明，請神明做主。
5、向神明稟報完畢，過30分鐘後，疏文連同金紙一起在金爐中燒掉、開化即可。

第三種是：如果夫家不給「辭祖」，或家中沒有祖先牌位，或事後才知道要「辭祖」。此時，可以請夫家所在地的「土地公」，代為通知對方的歷代祖先。

帶水果三樣各取奇數、壽金、福金、刈金上供禮敬　土地公，恭請祂幫忙的。旁邊再準備一份水果（三樣各取奇數），目的是準備給　土地公去夫家時帶的。禮香同一般的流程！

稟言：　○○宮的　土地公在上！弟子○○○家住……………。今天是為了「辭祖」的事情，來恭請　土地公幫忙。在「土地公」的轄區內地址…………，X家的XXX是弟子當年離婚的對象，當時沒有「辭祖」，現在也不方便再進入X家。恭請　土地公通知X家歷代祖先：弟子不再是X家的媳婦，早已跟X家累世累劫的因緣果報無關！不要再來找弟子了！這裡備有水果一份，恭請　土地公一併帶去。為此，弟子對　土地公感恩不盡！

在進香、燒完金紙後，所有供品放在原處，不要理、不要問也不要看，離開即可！

所以，人的事，鬼神的事，祖先的事，都盡量處理好，人生總是有很多看不見的緣份的事情，把這些禮節盡量處理好就好、不要因為看不見鬼神、祖先的問題有所怠慢。雖說不知者無罪，但是，鬼神不管你知不知，反正一定會找你麻煩的。所以，現在知道了，就要認真的做好每一件事。

第四部分

紫微斗教相關五術的題目

第四部分：紫微斗教相關五術的題目

第二十九課

紫微斗數跟健康的研究

一、命盤也可以看出健康的問題：命盤跟十二地支的關係。

1、十二地支配合十二經絡。所以，生年忌在哪個地支位，那個經絡就可能出問題。

比如說：這個命盤。生年辛文昌忌入「午」，午宮是「心經」，所以，心經也容易塞住，或是寒氣重。

命盤與人體對應圖

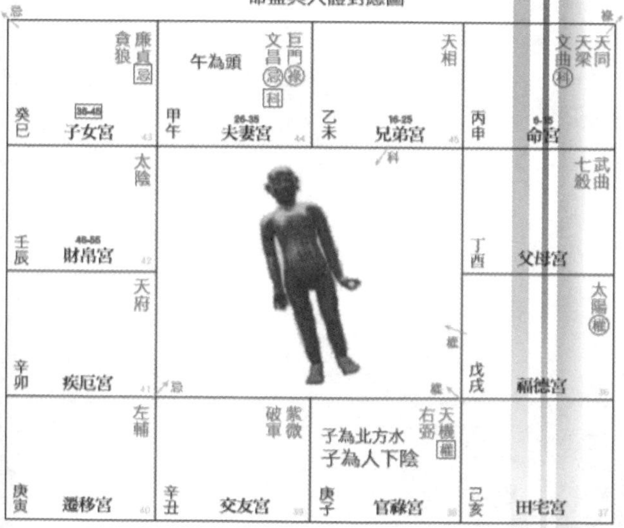

2、**心經有問題，也會顯現在「脊椎上的問題」。所以，也容易在脊柱上的胸椎的3，4，5節出問題。**

每一節脊柱會影響相關的內臟器官的運作，就像人體的發電調節開關。開關有問題，內臟也跟著出問題。

3、**十二地支也是人體的方位：**

生年辛文昌忌入「午」，命主的「頭頸肩」這個部分就容易出問題。

以上提供三個觀點，介紹紫微斗數命盤跟健康的關係，希望對於各位同學有所啟發智慧跟引導學習的方向。

123肺
345心
678 肝
789膽
9 10 11脾
9 10 胃
10 11 三焦
11 12腎

1腎
2 3 小腸
34大腸
5骶骨 膀胱
生殖系統

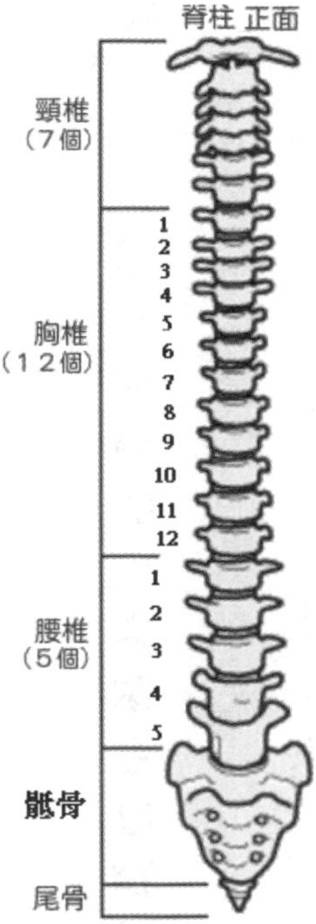

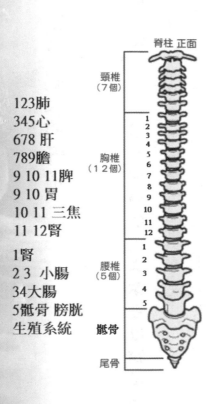

紫微斗數加上陽宅風水的研究

一、生年忌的方位，一定很有問題的。大家可以稍微研究一下。

那金、木、水、火、土的影響，可以參考不同星性的星義。

比如說：廉貞屬火，如果廉貞化忌，最好這個方位上，不要見明火、三角形、大紅色。容易引發火氣大。對於人體、房子有暗火的疑慮。如果嚴重一點，也可能引發家裡吵架，或是身體過敏，或是火災，都是可能的研究方向。

二、對於從命盤看怎麼調整風水，是有參考價值的。

但是有幾點要注意的：

1、命中沒有的，要催都很難，這個要留意一下，比如說：夫官有生年忌，田宅、福德又化忌入夫官線裡，這個就會讓感情的緣份變薄，或是品質不好。如果，強硬要催桃花，只怕來得不是好緣份。

2、時間不對，風水催出來得桃花還是有問題的。效果不好，或是來得品質不好。這個也是要注意的。

三、紫微斗數陽宅風水催生術：

以子女宮飛出的祿為主，權科也行。忌避免。

睡覺得時候，夫妻雙方把腳朝向「子女宮的祿」的方位，或許可以增加壞孕生子的機會，提供大家參考。

↖忌 紫微斗數陽宅風水催生術，提供參考 祿↗

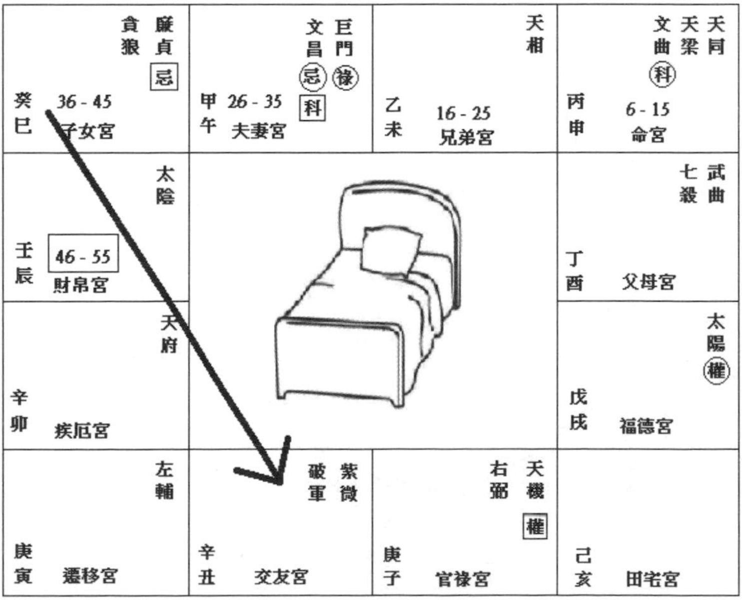

第三十一課
紫微斗數加上西方命理學的結合研究

周星飛：這個是占星盤，妳的財帛宮。有「天、土」兩個星。賺錢的方式，先天上就會受這兩個星的影響。

1、「土」：一般都是跟土有關的，房地產風水也是，跟紫微斗數三合派，財帛宮有什麼星就賺什麼錢的解釋有異曲同工之妙。從網路上找的相關土星的關鍵字：跟「五行的土」的解釋也很類似：責任義務，職責承諾，紀律，任務，後果，審慎，規則效率，成

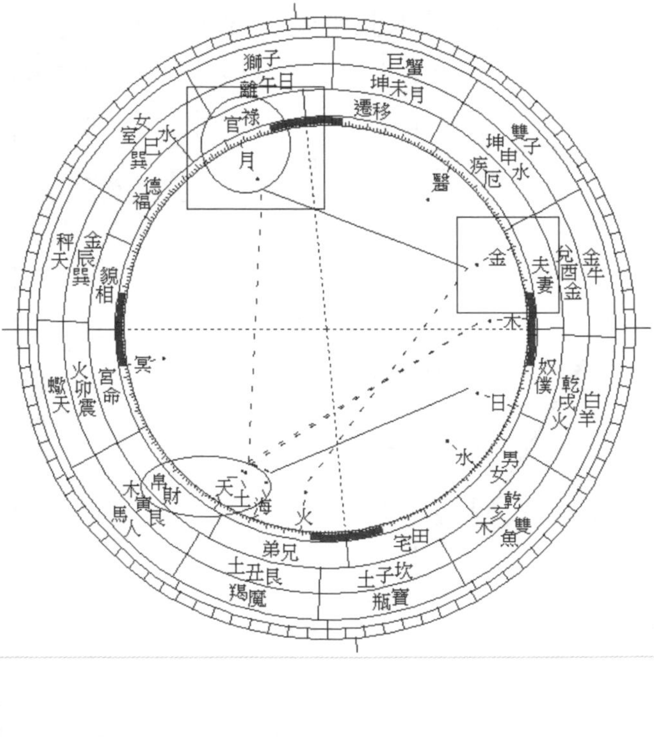

熟，確立，拘束拘謹，羞怯，障礙嚴肅，沉著悲觀，現實苛刻，一絲不苟，冷酷懷疑，艱難嚴厲，勤勉，小心謹慎，耐心安靜，沉默寡言，頑固不化，有秩序，法律，另外還與長輩和老年、老師，或祖父母們。

2、天王星的關鍵字：能跟天上有關。個人主義，自由原創，獨特發明，獨立標新立異，不同尋常，非典型，另類與眾不同，叛逆輕浮，無秩序矛盾，毫不在乎或假裝漠不關心，不順從不穩定，行為乖張，愛冒險喜歡刺激，出乎意料，衝動易出事故，改革者無視規矩，冷酷漠不關心，渴望自由，脫軌，易衝動，新式科學，技術高科技，電腦，太空時代，太空人，新式飛機和實驗航空器，發明和專利，原創或獨一無二的貢獻，冒險的人。

3、妳的官祿宮有月：也代表工作上都是變化很大的。然後月跟天、土，產生120度「合」的角度，所以，妳上面賺錢的方式，加上「月」的解釋，就會說妳的工作賺錢都是容易接案式的工作，變動很大。三合派的概念也可以運用。

4、再來說一個妳的感情事。「月金刑」。我對「冥王星」的定義就是「看不見的世界、鬼界、外星世界」，天的定義就是「神界」，不過，命盤上看是鬼是神，還要多研究一下。所以，這個跟傳統的占星不一樣。

比如說，妳的占星本命盤：月在官祿、金在夫妻是90度的刑的角度。看起來也是有先天上的阻礙的。這個跟紫微斗數夫官一線的概念也有點像。所以，妳知道妳身邊也有鬼神跟著妳，不讓妳有感情？

學生庚：我有感覺、是神、男的、據說有條龍。

周星飛：這個賺錢的事、感情上有鬼神的事，連占星盤都有顯現出來的，在紫微斗數命盤上也有顯現。所以，兩個盤的訊息是一致，就很精準了。所以，占星命盤上跟紫微斗數的命盤，訊息是可以同步的。只要功力夠的話，占星命盤也是能算準命的。不過，占星對於鬼神的事，還是很少著墨的。當然跟西方的信仰是有關的。

我下一個階段會研究，紫微斗數加西方命理學，占星、塔羅的研究，也歡迎大家一起學習。

前世今生與外星人的故事。學生雷光霏的文章

故事一：多世投生為小孩輪迴的吉利星。

有情眾生，總有幾個和我有著特殊因緣，一開始說不出所以然，在一段時間的相處後才會漸漸現形。

小C是個有張可愛娃娃臉的女孩，雖然三十好幾了但看起來永遠像16、17歲！對世界充滿好奇心與想學習各種事物的渴望，彷彿從未好好體驗過人生般求知若渴。我曾和同門有通靈能力的S師兄探討過小C來地球的根源。

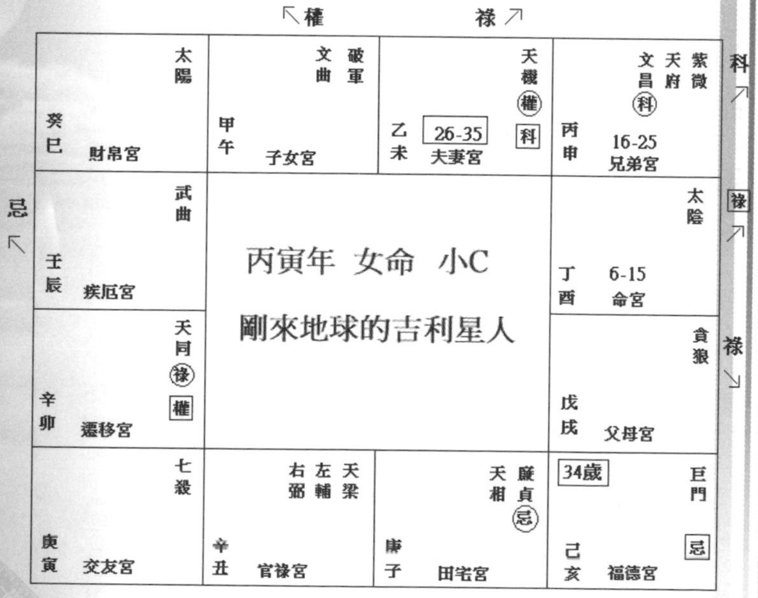

S師兄：小C妹子從天上下來後曾在戰團待過，是距今約8000多年時，她的情人戰死飄落三界。當時她救人心切，私自脫離戰隊下凡找人！所以她溫柔的外表下有著為情執著堅定的一面，累世下來容易被情所傷。因是私下凡塵，大靈與肉身的不協調性，雖大靈急切想脫離凡俗，但肉身不受引導造成內心深處的不安定感！世世留下事與願違的遺憾！

雷光霏：她私下凡塵會不會因此受罰？

S師兄：已經罰了，人間的諸世不順就是了。那好幾世短命沒有長大成人就死了！比如說輪迴十世，有短命的、有孤寡的、有病亡的。雖也有兩三世過得不錯，但總之不順的多！像妳們觀到苗族公主那生算不錯的一世。

雷光霏：的確如此！我自己感應跟她的因緣就有兩三世之多。有一次小C跟我說也想去埃及，問我她有沒有投生在那裡過？一閉眼我就感覺她是我埃及女祭司那一世所養的黑貓，那一生她過得不錯但也沒活十年！最後被做成貓木乃伊了，改天也許會在博物館看到她三千年前的大體。還有一世她是清朝一個大戶人家的小姨太，是個安靜不太表達自己瘦小秀氣的女人，為父還債下嫁給大她很多的老男人！我是那個老爺的女兒，很同情年紀跟我差不多的她，常去找她說話安慰她，可惜那一生她也是鬱鬱寡歡而早逝，似乎沒活過30歲。然後最後與她再次相遇就是這一世了。小C自己也數次跟通靈人們印證，大家看到的都一樣：她多世都是小孩子，來不及體驗人生就因故去世，所以外貌也像小孩子一樣的娃娃臉，說她來地球前是一顆叫「吉利星」的星星。

故事二：雷光霏跟周星飛老師討教小C命盤。

周星飛：她是不是也想利益眾生？或是喜歡學東西？命（大限福德）丁巨門忌入福德，因為什麼事轉己文曲忌入子女，就是為了小孩（眾生）。

雷光霏：的確她滿善良很喜歡照顧動物，常常路上撿流浪動物回去請人收養。

周星飛：她生年廉貞忌在田宅，家裡的責任感重！遷移有天同生年祿，有半個老闆的命格，應該明年就會去做，但她自化祿多，個性又很虛、不定性，才說是「半個老闆命」。比如養一群狗，養到沒錢就解散了！自化祿只是「表面上」的現象，做生意不是有理想而已，要成功需要很大的決心。

雷光霏：但我自化忌多也不穩，常常猶豫不定！

周星飛：至少是自化忌不給別人看到的、藏起來的！

雷光霏：我可以跟她合作或投資她嗎？

周星飛：妳想做什麼都可以的。我覺得她去賣吃的應該最好！跟生年天同祿有關，轉辛文昌忌入兄弟又逢「文昌科」，可能會開到三家的小店！

故事三：判斷剛來地球，或是快離開地球的命理

雷光霏：您曾說觀察到兩眼中間距離寬約有三指或以上為剛來地球的外星人投胎，像小C就是嗎？

周星飛：是的，自化祿多的就是剛

↖忌　　　　　　　　　　　　　　　　祿↗

廉貞（忌） 貪狼 癸巳　財帛宮	巨門 左輔 甲午　36-45　忌 子女宮	天相 乙未　26-35 夫妻宮	天同（祿）權 天梁 右弼 丙申　16-25 兄弟宮
太陰 祿 壬辰　疾厄宮	丙辰年　女命 **雷光霏**		武曲 七殺 丁酉　6-15 命宮
天府 文昌（科） 辛卯　遷移宮 忌↙	準備離開地球的老靈魂		太陽 戊戌　父母宮
庚寅　交友宮	紫微 破軍 辛丑　官祿宮	天機（權） 科 庚子　田宅宮	文曲 44歲 己亥　福德宮 忌↘

來投胎的外星人，自化忌多的就是準備離開的。妳可能是體驗過多次輪迴轉生，所以外表比較看不出來。

雷光霏：沒錯！小C命盤中有三個自化祿，因當初靈魂脫隊擅自來地球被懲處多世受苦，幾乎都投生動物或小孩早死居多，比如像戰亂中被推進集中營毒氣室的小孩。所以，她來地球的時間雖長但活著體驗生命的時間很少，難怪她總是對世間一切事物都充滿了好奇心，也算是新新外星人！而我本身是自化忌在果報宮位多的人，一直心心念念想修好所有的功課，真心覺得學夠了也活夠了，想趕快回宇宙的家了，要趕快回天上的家了。

故事四：來人間三千年，還算剛來地球嗎？

雷光霏：小C這樣算剛來地球嗎？是長不大的小孩子就死了，其實來超過三千年了。

周星飛：也算的。不過畢竟待在地球的人間的時間不長久。像我們都是看盡「春夏秋冬」的，她還沒看清楚「人間的人事物」。

雷光霏：是啊！他可能一直看到冬天就死了，終於這一生可以看完四季了，很難得啊！

周星飛：每一世就像只讀小學一樣，沒讀過大學的。

雷光霏：對啊！我都累得要死覺得看透了。但她還是才華洋溢呀！能夠活著使用出來真是太好了，我就連看新聞、看政治都覺得很無聊，覺得就是人間戲。

故事五：雷光霏與翟流年的靈性對談

翟流年：小C八千年前就下來了，那時候的地球人，算是進化到人嗎？有衣服穿嗎？

雷光霏：她一開始不一定是投生為人，有時候是動物植物或者是昆蟲，靈魂下來得時候是一團光能量，所以沒有什麼穿不穿衣服的問題！

翟流年：八千年前的人，有衣服穿嗎？小C擅自離隊，那時是去跟某一方開戰嗎？我好奇心很重啊！

雷光霏：妳可以查查看八千年前的歷史啊！不過據我所知是已毀滅的高度文明，比如妳有聽過亞特蘭提斯嗎？當然有穿衣服啊！電影演的宇宙星際大戰有聽說吧？我們叫做天地大戰。下來地球投生的幾乎都有經歷過！

翟流年：下來投生於地球的是類似神嗎？

雷光霏：能量比較高，還沒沾染到業力，以當時土生土長的地球人眼中的確認為像神一樣！

翟流年：哦，我可以理解為其他星球或其他空間的生物嗎？

雷光霏：可以！有外星人也有不同維度的高能量靈魂，都會來地球研究的！像我自己，就是算自願下來「體驗」。

翟流年：但是負責地球上輪迴轉生的，還是地球體系的「神」是吧？

雷光霏：不是，都有。就像政府部門有分成縣、市、鄉、鎮等等！宇宙也有宇宙聯邦的管理！天庭也有天庭部分的管理。地球只是最下層，算是還在實驗階段的部分！所以上面都會管到。

翟流年：哦，明白了！我如小小螻蟻。

雷光霏：妳也是上面下來得靈魂之一，當妳開始想要瞭解求知，就是要回去的第一步了！對五術會有興趣是第二步，最終都要回歸好好去修持自己。

翟流年：我以前就有種感覺，把手掌攤開，會有能量跟人開幹打架！現實中，當然是沒有的。我命宮、福德、官祿都自化權，不過我應該只是個想要修行的人，也許那只是自己臆想出來得。

雷光霏：這是有的，隱態的能量，打不了人但可以打得了比妳能量低的「鬼」（我們通稱看不到能量的叫虛空）不一定是妳臆想，是妳家的守護神或虛空隱態告訴妳的，只是妳不會分辨！

翟流年：我以前以為是電視看多了！在人世還是要生活的，我還是好好做人吧！

雷光霏：電視劇情也是人這樣慢慢發掘出來得，拍成故事。是啊！一定要先好好做人！這是妳下來的課題。

翟流年：妳是用感應嗎？

雷光霏：是啊！我也沒天生的陰陽眼！這是可以修練來的！

翟流年：終於有人理解我的八卦了！我對這方面很感興趣。

雷光霏：總有一部分是我們這種重視靈性的人啊！表示妳也快了！

翟流年：靈魂修練嗎？

雷光霏：嗯，有些人投生宗教學習，或走進靈性學習，其實做好自己生命該做的事，當個一般人也是一種修練靈魂的方法！沒有說一定要去修行出家什麼的！還是可以當個人，在紅塵中修心養性。

什麼最難？紅塵修心最難。
心中有佛，閉目就成菩薩。

第五部分

介紹有天份的學生或朋友給大家，加上自我介紹

第五部分：介紹有天份的學生或朋友給大家，加上自我介紹

第一位：占星、塔羅、紫微斗數功力一流的老師。

Nabby：我一直很喜歡美麗又神祕的事物，因此迷上了水晶，從而接觸到水晶的能量，發現水晶能量能帶給我神奇不可思議的力量，之後便陸續學習研究水晶能量療癒、靈氣療癒，塔羅等各種卡牌占卜、生命靈數、西洋占星術多年。因為有了多年的諮詢經驗和療癒個案，在給予客戶療癒身心靈的同時，也讓我得到了自我成長的覺醒。任何神祕學都是靈性的工具，幫我們瞭解靈魂的需求，接受不完美的自己，以達到自我的成長。

天機 癸巳 官祿宮	紫微 甲午 交友宮	乙未 遷移宮	破軍 丙申 疾厄宮
七殺 右弼 壬辰 35-44 田宅宮	辛酉年 女命 nabby老師 占星、塔羅、紫微老師		丁酉 財帛宮
權↙↙忌 太陽 (權) [權] 天梁 文昌 (忌) [忌] 辛卯 福德宮			天府 廉貞 左輔 戊戌 子女宮
武曲 天相 庚寅 15-24 父母宮 ↙權	巨門 (祿) 天同 辛丑 5-14 命宮 ↙ [祿]	貪狼 庚子 兄弟宮	太陰 文曲 (科) [科] 己亥 夫妻宮 忌↘

第二位：忠城老師。各種命理風水全面研究型的老師。

無心插柳柳成蔭，我已經忘記當初學習命理的初衷了，失戀當然只是一個藉口，不可以當作讓我真正投入的主因，但是持續學命理的動力在於看到我的客戶得到解答的笑容以及學生從不會到會的成長，並且可以準確預測，這就是我持續花錢去投資命理的原因。

目前任職於台灣某大醫學中心研究機構，擔任博士級研究員，從20歲開始因為社團的關係而接觸了命理，從而進入了五術的世界。對於紫微斗數、陽宅風水大六壬、奇門遁甲、印度占星、塔羅牌等皆有涉獵。目前主要的研究方向是大六壬跟奇門遁甲、手面相和陽宅風水佈局。

<table>
<tr><td>天機 文曲(科)
癸巳 交友宮</td><td>紫微
甲午 遷移宮</td><td>乙未 疾厄宮</td><td>破軍
丙申 財帛宮</td></tr>
<tr><td>七殺
壬辰 官祿宮</td><td colspan="2" rowspan="2">辛酉年 男命
李忠城老師
手面相、陽宅風水</td><td>文昌(忌)
丁酉 35-44 子女宮</td></tr>
<tr><td>權↙
太陽(權)[祿] 天梁 左輔
辛卯 田宅宮</td><td>天府 廉貞
戊戌 25-34 夫妻宮</td></tr>
<tr><td>武曲 天相 [權]
庚寅 福德宮
↙權</td><td>巨門(祿) 天同 [忌]
辛丑 父母宮
↙祿</td><td>貪狼
庚子 5-14 命宮</td><td>39歲
太陰 右弼 [科]
己亥 15-24 兄弟宮</td></tr>
</table>

第三位：Yuanyuan（格格老師）。

從中醫學專業畢業後一直從事醫療衛生行業，對中醫、養生、宗教、玄學、命理學等神祕事物都非常感興趣，感謝周星飛老師用深入淺出、通俗易懂的講解方式傳播紫微斗數，和多年來得教學陪伴，期待自己以飽滿的熱情和踏實嚴謹的作風投入到飛星斗數的發揚中。

貪狼 廉貞 右弼 忌 丁巳 疾厄宮	巨門 權 戊午 財帛宮	天相 己未 子女宮	天同 天梁 祿 庚申 夫妻宮
太陰 科 丙辰 遷移宮	癸亥年 女命		武曲 七殺 左輔 忌 科 辛酉 兄弟宮
天府 乙卯 交友宮	yuanyuan（格格老師）		太陽 壬戌 2-11 命宮
甲寅 官祿宮	紫微 破軍 文昌 文曲 祿 權 乙丑 32-41 田宅宮	天機 甲子 22-31 福德宮	37歲 癸亥 12-21 父母宮

忌↗

↙科

第四位：大陸貼吧女王（猴姊老師）。

一個對斗數癡迷嚮往又不拘小節、快樂學習的斗數人！

由於四處混群混吧的結果，並沒有一套有系統的學習，對於斗數的認知，一直處於扯淡與玩樂的階段！

或許是機緣到了，2019年正式參加了飛星斗數的系統教學，在短短的一年內，熟悉了飛星斗數的各項技法和正確的象義解釋，對於斗數的理解，更是與日俱進！

貼吧女王在貼吧為人免費義算，在她的貼吧裡面，常常為有緣人解答心中的困惑。

貼吧女王的座右銘：

手握飛星掌日月，腳踏彩雲渡山河！

橫批：猴姊帶你飛。

哈哈，不僅霸氣，更是把歡笑帶給大家！

↖忌　　　　　　　　　　祿↗

廉貞(忌) 貪狼 左輔 癸巳 財帛宮	巨門 [忌] 甲午 [36-45] 子女宮	天相 乙未 26-35 夫妻宮	天同(祿)[權] 天梁 丙申 16-25 兄弟宮
太陰[祿] 文昌(科) 壬辰 疾厄宮	丙辰年 女命 大陸貼吧女王（猴姐老師）		武曲 七殺 右弼 丁酉 6-15 命宮
天府 辛卯 遷移宮			太陽 文曲 戊戌 父母宮
庚寅 交友宮	紫微 破軍 辛丑 官祿宮	天機(權)[科] 庚子 田宅宮	44歲 己亥 福德宮

第五位：風閑老師。

古語有云：「置水洩平地，東西南北各自流」。人生際遇如流水，上有天意，下有因緣。我因偶然機會接觸陰陽五行、命理造化之數，十多年來多項推命術數多有涉獵。而後更有緣得周星飛老師的親自教導，傳授紫微斗數的邏輯與技法，略有小得。我願為愛好中國傳統文化的各位同好略盡綿薄之力。涓涓小流，匯成大海，我個人德行微薄，不過滄海一粟，但如能傳播和弘揚紫微斗數的學理傳承，吾之幸事也。

↖權　　↖祿　　權↗

巨門 (祿) 癸巳　田宅宮	廉貞 天相 甲午　官祿宮	天梁 乙未　交友宮	七殺 丙申　遷移宮
貪狼 壬辰　福德宮	辛酉年 男命		天同 忌 丁酉　疾厄宮 ↗權
太陰 科 辛卯　父母宮	風閑老師		武曲 權 戊戌　財帛宮
紫微 天府 庚寅　3-12　命宮	天機 左輔 右弼 文昌 文曲 (忌)(科) 辛丑　13-22　兄弟宮	破軍 庚子　23-32　夫妻宮	39歲 太陽 (權) 祿 己亥　33-42　子女宮

↙↙ 科忌

第六位：馮茉耔老師（億姊）。

金融投資12年，自幼喜歡玄學命理，有緣跟周老師學習紫微斗數，致力於研究將紫微斗數與股票、期貨等投資結合起來，指導個人投資，放大收益、控制風險，贏大虧小。

第七位：李星辰老師（易壬行）。

星辰，高掛於夜空，渺小而不失璀璨。

不與太陽爭輝，不跟月亮鬥豔。

只為迷路的人們，指引正確的方

忌↗

太陽 丁巳 兄弟宮	破軍 祿 戊午 6-15 命宮	天機 文昌 文曲 忌 己未 16-25 父母宮	紫微 天府 庚申 26-35 福德宮
武曲 丙辰 夫妻宮	癸亥年 女命 馮茉耔老師（億姐） 金融投資結合東西方命理		太陰 科 權 辛酉 36-45 田宅宮
天同 右弼 科 乙卯 子女宮			2018年 36歲 貪狼 忌 祿 壬戌 官祿宮
七殺 甲寅 財帛宮	天梁 乙丑 疾厄宮	廉貞 天相 甲子 遷移宮	巨門 權 左輔 癸亥 交友宮

權↘

↙權　祿↘

祿↖ ↖科　　↖科

巨門 文曲 忌 辛巳 25-34 福德宮	廉貞 天相 左輔 壬午 田宅宮	天梁 科 癸未 官祿宮	七殺 右弼 甲申 交友宮
貪狼 權 庚辰 15-24 父母宮	庚午年 男命 李星辰老師（易王行）		天同 文昌 忌 乙酉 遷移宮
太陰 科 己卯 5-14 命宮			武曲 權 祿 丙戌 疾厄宮
紫微 天府 戊寅 兄弟宮	天機 己丑 夫妻宮	破軍 戊子 子女宮	太陽 祿 30歲 丁亥 財帛宮

向。

我姓李，取名星辰，希望有顆星指引我前行的路，

更加希望讓自己成為黑夜中的星，保持一顆最純粹的星（心）來指引、來學習，來體悟人生。忌者，己+心，自己壓著心，唯有明悟真我，才不會被肉體束縛。

渾濁的水，越動，越渾濁，靜下來，讓時間去沉澱，方可見清底。

噓寒問暖，不如感同身受。就如學斗數，有一顆純粹、單純、傻傻的堅持，全身心的投入，或許某一日，會當凌絕頂，一覽眾山小。

易者，簡易、變易、不易；先死學，

後活學活用，靈犀一動，舉一反百。人生苦短，做不了有錢人，就努力做一個值錢的人。

適合自己的才是最好的；不忘初心，活在當下，做好當下事，珍惜身邊人！

第八位：翟流年老師。

學命理是我的興趣愛好，因為愛所以愛！也因去年，在我痛苦無助無人可訴時，一個網路命理師解我困惑寬慰我心，她溫暖感動了我！真希望自己也能用命理和音樂給他人帶來希望和光明！

So, just do it!

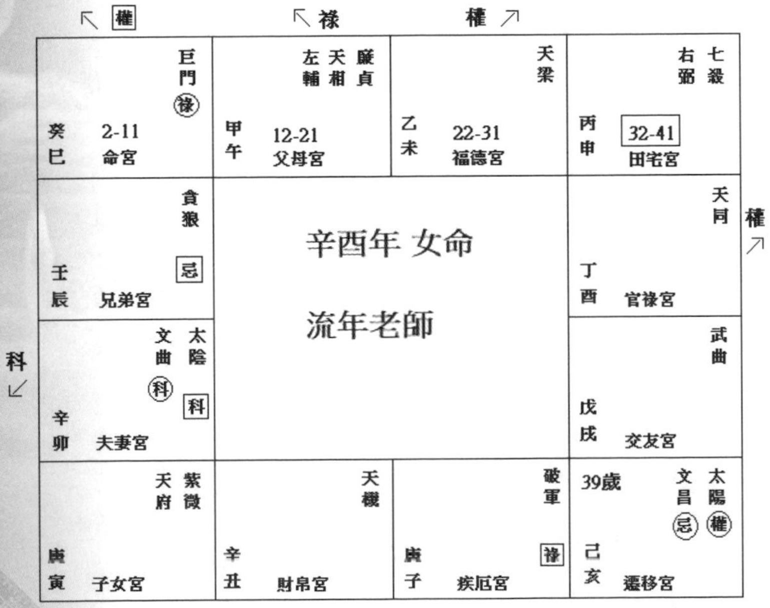

第九位：簡延吉老師（如因妙果，土地公）。

命理上的執著與興趣！福德飛出貪狼忌入官祿逢疾厄貪狼祿來會！福德的忌可以說代表對五術命理的執著，而疾厄的貪狼祿代表對五術命理的興趣！轉乙太陰忌入田宅收藏宮，就會有長久學習之象，逢遷移果報宮丁太陰祿來會，就會容易有發揚光大命理學術的果報因緣，再挾祿轉甲太陽忌入交友逢生年太陽權、命權，又適逢子女根器位庚太陽祿來會，最後挾多祿權轉丙廉貞忌入命！

對於命理術的興趣與執著，相應了命、疾、福和貪狼的五術與廉貞的才華，是天份，也是一種身體力行，假以時日，必能在命理上能有所成就！

對於斗數的緣份接觸得相當早，但卻僅止於星情解釋和簡單的四化理論！自2018年接觸飛星四化手法後，便潛心專研篤學不倦，進而一舉敲開斗數大門，窺得飛星斗數精華！並在其父親佛法的薰陶下，深信人間紅塵多少事？盡在因緣果報中！更自我砥礪，祈願發揚中華文化飛星紫微斗數，並以導人向善，廣結善緣，如知其因，妙得其果，為自我的期許！

<table>
<tr>
<td>天府
文曲 ㊀科 科
癸巳 福德宮</td>
<td>太陰
天同
左輔
甲午 田宅宮</td>
<td>武曲
貪狼
乙未 官祿宮</td>
<td>巨門 ㊀祿 祿
太陽 ㊀權 權
右弼
丙申 交友宮</td>
</tr>
<tr>
<td>壬辰 父母宮</td>
<td colspan="2" rowspan="2">辛亥年 男命

簡延吉老師（如因妙果）</td>
<td>天相
文昌 ㊀忌 忌
丁酉 遷移宮</td>
</tr>
<tr>
<td>破軍
廉貞
辛卯 3-12 命宮</td>
<td>天機
天梁
戊戌 疾厄宮</td>
</tr>
<tr>
<td>庚寅 13-22 兄弟宮</td>
<td>辛丑 23-32 夫妻宮</td>
<td>庚子 33-42 子女宮</td>
<td>49歲
紫微
七殺
己亥 43-52 財帛宮</td>
</tr>
</table>

忌 ↘

第十位：玉米穗老師。我的斗數之旅。

開始正式接觸飛星派紫微斗數還是在3年前，那時正好處在人生的轉折期，一直對玄學比較好奇的我，於是有了找人算命的想法。

機緣巧合下有人向我推薦了周星飛老師，但是他不算命，而是一直在網路教學，如果成為他的學生可以免費看盤，於是乎我就這樣走上了我的斗數之旅。幾年來，讓我明白了為何我一直喜歡玄學，為何又喜歡各種美食。冥冥中一切都是按照生命的軌跡在運轉。

學了斗數對於自己的人生有了另一層次的瞭解，也能以更好的心態迎接自己剩下的人生，甚至還能幫助一些在人生十字路口徘徊舉棋不定的人，找到了人生價值！

武曲(忌)(權) 破軍 文曲 乙巳 疾厄宮	太陽 祿 丙午 44-53 財帛宮	天府 丁未 34-43 子女宮	天機 太陰 科 戊申 24-33 夫妻宮
天同 忌 甲辰 遷移宮	壬子年 女命 玉米穗老師 我的美食跟斗數之旅		紫微(權) 貪狼 文昌 己酉 14-23 兄弟宮
癸卯 交友宮			巨門 庚戌 4-13 命宮
壬寅 官祿宮	七殺 廉貞 左輔(科) 右弼 癸丑 田宅宮	天梁(祿) 壬子 福德宮	48歲 天相 辛亥 父母宮

祿↗ ↗忌

權↗

祿↘

第十一位：楊國英老師（萌兒）。

從小就對博大精深的玄學文化深感興趣，也用業餘時間很費心思的研究命理，但之前只是侷限於自己查資料自學比較多，所以一直很遺憾沒有找到與自己有緣份的命理老師。自從一次機緣巧合看了周星飛老師寫的《飛星紫微斗數零基礎》這本書之後，對自己的靈魂觸動極大，當時就認為這便是自己苦心要找的命理導師了！於是正式拜在周星飛老師門下，潛心學習，並在周老師的悉心指導下對飛星紫微斗數有個全新的認識和感悟，隨著學習飛星紫微斗數的日漸增進下，愈來愈感受到飛星紫微斗數的精細與神奇，認為這就是自己一生的追求所在！從此立志當個優秀的命理師，把自己所學發揚光大，為有緣人分析全盤並規劃人生，讓他們能透過命盤從而更深度的瞭解自己，指導和幫助迷茫的緣主走出困惑，願為眾生擺渡，為利益眾生之事而奮鬥終生！

權↗

太陰(科) 辛巳 13-22 兄弟宮	貪狼 文昌 壬午 3-12 命宮	天同(忌) 巨門 癸未 父母宮	武曲(權) 天相 文曲 [忌] 甲申 福德宮	科↗
廉貞 天府 庚辰 23-32 夫妻宮	庚申年 女命 楊國英老師（萌兒） 立志當優秀的命理師 願為眾生擺渡		太陽(祿) 天梁 [祿] 乙酉 田宅宮	權↗
己卯 [33-42] 子女宮			七殺 丙戌 官祿宮	
破軍 右弼 戊寅 財帛宮	己丑 疾厄宮	紫微 左輔 [科] [權] 戊子 遷移宮	40歲 天機 丁亥 交友宮	科↘

↙科

第十二位：智欽老師。

自幼受家學淵源影響，對易學、佛教中的命運及因果有較早的認知，後因紫微斗數的深入研究，從而人生達到了真正的解脫、開悟、明心見性，自此走上解惑授業之路，助有緣人慎思敏行。個人宣導以科學的方法學習易學，知命認命，趨吉避凶。為天地立心，為生民立命，為往聖繼絕學，為萬世開太平為本職。

我學習命理是因為對人生得好奇，有一種想要探知的慾望。

學習命理之後，才知道人生的軌跡是出生的時候就設定好的，有

忌↗

貪狼（祿） 廉貞 左輔 丁巳 5-14 命宮	巨門 忌 戊午 父母宮	天相 己未 福德宮	天同 天梁 權 庚申 田宅宮
太陰（權） 祿 丙辰 15-24 兄弟宮	戊辰年 女命 智欽老師		七殺 武曲 右弼（科） 辛酉 官祿宮
天府 乙卯 25-34 夫妻宮			太陽 壬戌 交友宮
文曲 甲寅 子女宮	紫微 破軍 乙丑 財帛宮	天機 文昌（忌） 科 甲子 疾厄宮	32歲 癸亥 遷移宮

↙科

時候明知不可為而為，然而習氣總是會冥冥之中把我們帶到那樣的境界去，所以知命之後，要學習怎樣改變自己，是此生很大的功課。

如果能透過命理去幫助別人修正更好的自己，是我對自己的期許，也希望我有這樣的能力。

第六部分：珍希文化網路線上、線下教學說明介紹

一、線上課程：

1、飛星紫微斗數課程：一年期班、中級班、0基礎跟初級班，跟各種專題班（感情桃花、升官財富、小孩讀書、健康養生、買房風水、修行緣份、學習天份。

2、手相課程：半年班、專題班。

3、面相課程：半年班、專題班。

4、奇門遁甲專業課程。

5、陽宅風水佈局課程。

6、塔羅課程：初階班、高階班。

7、占星課程、水晶能量療癒課程、生命靈數課程。

8、刮痧養生課程。

二、線下班：

上面的課程，會不定期在各個城市開線下班。歡迎各位報名參加。

周星飛老師的提醒：

1、一個人發生的各種事情，不是只有自已的行為思考會影響，還有鬼神、祖先、父母、夫妻、子女、家族、朋友、陽宅陰宅風水…等等週邊的人事物，也一併會影響這個人。所以，人不能獨立於其他人事物之外，論命也一定要綜合觀察，大家一定要認知這一點。

2、祖師爺 希夷先生發明的「紫微斗數」，只是一種「在地球上的知識」讓我們學習，離開了地球就不一定有用了。因為天、地的環境都改變了，就像你在金星地面上，看天上星星的位置是不一樣的。整個宇宙的氣也會有不一樣影響。所以，祖師爺的「紫微斗數是智慧」。希望引導大家對於宇宙大道多些認識，就能對你個人的靈魂有好的進步發展，回到最純淨的狀態，就是回歸初心，與宇宙融為一體。

國家圖書館出版品預行編目資料

飛星紫微斗數之感情桃花寶典／周星飛著.
－－第一版－－臺北市：知青頻道出版；
紅螞蟻圖書發行， 2020.1
面　　公分－－(Easy Quick；166)
ISBN 978-986-488-208-3（平裝）

1.紫微斗數

293.11　　108021898

Easy Quick 166

飛星紫微斗數之感情桃花寶典

作　　者／周星飛
發 行 人／賴秀珍
總 編 輯／何南輝
校　　對／周英嬌、周星飛
美術構成／沙海潛行
封面設計／引子設計
出　　版／知青頻道出版有限公司
發　　行／紅螞蟻圖書有限公司
地　　址／台北市內湖區舊宗路二段121巷19號(紅螞蟻資訊大樓)
網　　站／www.e-redant.com
郵撥帳號／1604621-1　紅螞蟻圖書有限公司
電　　話／(02)2795-3656（代表號）
傳　　真／(02)2795-4100
登 記 證／局版北市業字第796號
法律顧問／許晏賓律師
印 刷 廠／卡樂彩色製版印刷有限公司
出版日期／2020年 1月　第一版第一刷

定價 450 元　港幣 150 元

ISBN 978-986-488-208-3　　Printed in Taiwan